JOGOS FISCAIS
NOVAS REGRAS E ESTRATÉGIAS NO MUNDO GLOBALIZADO

MARCELO RODRIGUES DE SIQUEIRA

JOGOS FISCAIS
NOVAS REGRAS E ESTRATÉGIAS NO MUNDO GLOBALIZADO

Belo Horizonte

2018

© 2018 Editora Fórum Ltda.

É proibida a reprodução total ou parcial desta obra, por qualquer meio eletrônico, inclusive por processos xerográficos, sem autorização expressa do Editor.

Conselho Editorial

Adilson Abreu Dallari
Alécia Paolucci Nogueira Bicalho
Alexandre Coutinho Pagliarini
André Ramos Tavares
Carlos Ayres Britto
Carlos Mário da Silva Velloso
Cármen Lúcia Antunes Rocha
Cesar Augusto Guimarães Pereira
Clovis Beznos
Cristiana Fortini
Dinorá Adelaide Musetti Grotti
Diogo de Figueiredo Moreira Neto
Egon Bockmann Moreira
Emerson Gabardo
Fabrício Motta
Fernando Rossi
Flávio Henrique Unes Pereira

Floriano de Azevedo Marques Neto
Gustavo Justino de Oliveira
Inês Virgínia Prado Soares
Jorge Ulisses Jacoby Fernandes
Juarez Freitas
Luciano Ferraz
Lúcio Delfino
Marcia Carla Pereira Ribeiro
Márcio Cammarosano
Marcos Ehrhardt Jr.
Maria Sylvia Zanella Di Pietro
Ney José de Freitas
Oswaldo Othon de Pontes Saraiva Filho
Paulo Modesto
Romeu Felipe Bacellar Filho
Sérgio Guerra
Walber de Moura Agra

Luís Cláudio Rodrigues Ferreira
Presidente e Editor

Coordenação editorial: Leonardo Eustáquio Siqueira Araújo

Av. Afonso Pena, 2770 – 15º andar – Savassi – CEP 30130-012
Belo Horizonte – Minas Gerais – Tel.: (31) 2121.4900 / 2121.4949
www.editoraforum.com.br – editoraforum@editoraforum.com.br

S618z Siqueira, Marcelo Rodrigues de
    Jogos fiscais: novas regras e estratégias no mundo globalizado/ Marcelo Rodrigues de Siqueira.– Belo Horizonte : Fórum, 2018.
    108 p.

    ISBN: 978-85-450-0418-9

    1. Direito Tributário. 2. Sociologia. 3. Economia. I. Título.

                     CDD 341.39
                     CDU 336.2

Informação bibliográfica deste livro, conforme a NBR 6023:2002 da Associação Brasileira de Normas Técnicas (ABNT):

SIQUEIRA, Marcelo Rodrigues de. *Jogos fiscais:* novas regras e estratégias no mundo globalizado. Belo Horizonte: Fórum, 2018. 108 p. ISBN 978-85-450-0418-9.

Aos meus queridos amigos e familiares.

Agradeço à Faculdade de Direito de Coimbra e aos seus ilustres professores doutores por contribuírem decisivamente na realização de meu sonho.

*Sei que é inútil tentar discutir os juízos de valores fundamentais. Se alguém aprova como meta, por exemplo, a eliminação da espécie humana da face da Terra, não se pode refutar esse ponto de vista em bases racionais. Se houver porém concordância quanto a certas metas e valores, é possível discutir racionalmente os meios pelos quais esses objetivos podem ser atingidos. Indiquemos, portanto, duas metas com que certamente estarão de acordo quase todos os que leem estas linhas.
1. Os bens instrumentais que servem para preservar a vida e a saúde de todos os seres humanos devem ser produzidos mediante o menor esforço possível de todos.
2. A satisfação de necessidades físicas é por certo a precondição indispensável de uma existência satisfatória, mas em si mesma não é suficiente. Para se realizar, os homens precisam ter também a possibilidade de desenvolver suas capacidades intelectuais artísticas sem limites restritivos, segundo suas características e aptidões pessoais.*
(Albert Einstein)

LISTA DE ABREVIATURAS E SIGLAS

EUA   Estados Unidos da América
FATF   Financial Action Task Force
FMI   Fundo Monetário Internacional
IVA   Imposto sobre Valor Agregado
n.   número
OCDE   Organização de Cooperação e Desenvolvimento Econômico
OECE   Organização Europeia de Cooperação Econômica
ONU   Organização das Nações Unidas
p.   página
ROSC   Relatório Nacional sobre Transparência Fiscal
UE   União Europeia
v.   ver

SUMÁRIO

APRESENTAÇÃO 15
INTRODUÇÃO 17

CAPÍTULO 1
GLOBALIZAÇÃO 21
1.1 Conceito de globalização 21
1.2 Elementos da globalização 22
1.3 Consequências da globalização 26

CAPÍTULO 2
A NOVA ORDEM JURÍDICA 31
2.1 Ordem *versus* caos 31
2.2 O primado da lei 32
2.3 A construção de um novo sistema? 35
2.4 Estrutura vertical *versus* horizontal 37
2.5 *Soft law* 40
2.6 Diálogos constitucionais 42
2.7 Como administrar a rede? 43

CAPÍTULO 3
O ESTADO FISCAL NO SÉCULO XXI 49
3.1 Noções sobre Estado Fiscal 49
3.2 A reestruturação do Estado 52
3.3 A duradoura crise do Estado Fiscal 55
3.4 Novos rumos para o Estado Fiscal 56

CAPÍTULO 4
TRÊS PERSPECTIVAS, UMA REALIDADE 65
4.1 Código de Boas Práticas para a Transparência Fiscal 65
4.2 Concorrência Fiscal Prejudicial: Um Problema Global Emergente 68
4.3 Promover a Boa Governação em Questões Fiscais 73
4.4 Uma visão consensual 75

CAPÍTULO 5
O CONTRIBUTO DA TEORIA DOS JOGOS 79
5.1 Histórico 79
5.2 Estrutura básica da teoria dos jogos 83
5.3 Cruzando as fronteiras da matemática 85
5.4 Cooperação 87

5.5 Críticas à teoria dos jogos..90
5.6 Teoria dos jogos e o direito 91

CONCLUSÃO 95

REFERÊNCIAS.. 103

APRESENTAÇÃO

Recebi com enorme alegria o convite do Dr. Marcelo Siqueira para apresentar a obra *Jogos Fiscais: Novas regras e estratégias no mundo globalizado*, não só pela amizade pessoal que nos une, mas também pela satisfação com que vejo a sua investigação no âmbito do trabalho do mestrado em Coimbra conhecer ampla divulgação no Brasil. Tenho a certeza de que os leitores comungarão da minha opinião no fim da leitura: é uma reflexão original sobre as dificuldades que o Estado Fiscal hoje enfrenta em qualquer lugar do mundo.

Ao longo dos seus cinco capítulos, o texto guia-nos pelas transformações jurídicas mais recentes. Os três primeiros capítulos discorrem sobre as transformações económicas – a *globalização* –, jurídicas – o surgimento da *internormatividade* –, e socioeconómicas – a criação no plano jurídico-constitucional de *direitos sociais* – do século XXI e as dificuldades de articulação entre elas.

Com efeito, se é certo que a globalização abre os Estados aos mercados internacionais e aos desafios do comércio global, da inovação e da competitividade, que é positiva pelo valor acrescentado que se exige à produção e ao comércio local, não é menos verdade que esta pressão concorrencial global desafia a economia doméstica e cria embaraços a estruturas menos produtivas nacionais menos sofisticadas e habituadas à protecção nacional. Acresce que nestes contextos os sistemas jurídicos são também desafios pelos entramados normativos da transestatalidade associada à normação da economia global, em que o *direito* concorre com a *regulação* e a estrutura piramidal das fontes do direito é implodida e dá origem a um direito do conflito entre fontes do direito. Se tudo isto acontece ao mesmo tempo em que um momento constituinte próximo havia prometido, no âmbito do ímpeto dirigente do neoconstitucionalismo, a realização, pelo Estado, de um leque muito generoso de direitos sociais, compreendemos que a complexidade, e por vezes até as contradições inevitáveis, acabam por dominar o dia a dia de quem tem de governar e julgar os litígios. Tudo isto é bem sintetizado na primeira parte do trabalho.

O quarto capítulo é uma tentativa de resposta tradicional aos problemas. Identificada a pressão que a socialidade cria sobre o Estado Fiscal e Financeiro — não por ser uma exigência excessiva, mas porque é um desafio à gestão financeira, sobretudo num país de dimensão continental como o Brasil, cujo financiamento dos direitos, liberdades e garantias e da própria estrutura política federal, estadual e municipal já era, em si, complexa — o autor procura explicações na *guidance* internacional para uma melhor gestão financeira e para uma reorganização do sistema fiscal Brasileiro orientado para objectivos como a eficiência na tributação e na cobrança dos tributos.

Já o quinto capítulo constitui o que denominamos como uma "tentativa de resposta fora da caixa", ou seja, uma proposta original de construir soluções a partir da *teoria dos jogos*. Sabendo-se que a harmonização de posições entre quem tem de pagar impostos e quem tem de os instituir, liquidar e cobrar não é evidente, o autor procura na teorização dos jogos cooperativos, que subjaz à teoria política das relações internacionais, a qual também é urgente conciliar posições por natureza antagónicas, uma resposta ou pistas de resposta para os desafios da fiscalidade no século XXI.

Trata-se, por conseguinte, de uma obra que reúne os ingredientes de actualidade, novidade e originalidade e que vai certamente prender a atenção dos leitores.

Coimbra, Outubro de 2017

Suzana Tavares da Silva
Professora licenciada da Faculdade de Direito da Universidade de Coimbra, onde obteve o grau de mestre, em 1999, e se doutorou em 2009. Durante estes anos tem dedicado a sua atenção a diversos temas na área do direito público, revelados na publicação de artigos sobre direito administrativo geral, direito do património cultural, direito constitucional, direito tributário, direito do ambiente e direito da energia. Para além da carreira e do trabalho académico, a autora é advogada desde 1998, colaborou em alguns grupos de trabalho, designadamente, no grupo de acompanhamento à elaboração do Programa Nacional da Política de Ordenamento do Território e participa actualmente em projectos de investigação na área do direito da energia.

INTRODUÇÃO

O século XXI não começou bem. Os ataques terroristas ocorridos na manhã do dia 11 de setembro de 2001, atribuídos à organização Al-Qaeda, vitimaram aproximadamente 2.996 pessoas, incluindo os 19 sequestradores. Em plena era da informação, os veículos de comunicação do mundo inteiro acompanharam as ações terroristas, que pareciam seguir um roteiro "hollywoodiano", praticamente ao vivo. As primeiras notícias deram conta do sequestro de quatro aviões comerciais de passageiros. Em seguida, os milhões de espectadores acompanharam atônitos os choques de duas dessas aeronaves contra as Torres Gêmeas do *World Trade Center*, em Nova Iorque; uma contra o prédio do Pentágono, situado nos arredores de Washington; e uma quarta, que caiu em campo aberto próximo de Shanksville, na Pensilvânia.

Os ataques terroristas citados, obviamente, não poderiam ser previstos, mas os acontecimentos que marcaram o século XX já sinalizavam de forma clara que o mundo não está na trilha dos melhores caminhos.[1]

A globalização e a afirmação do regime capitalista moldaram o estilo de vida "pós-moderno". É inegável que a diminuição dos custos de produção, a facilitação da aquisição de serviços e bens de consumo, a redução dos valores dos transportes, a universalização do acesso à informação e ao conhecimento técnico-científico, a ampliação do mercado de trabalho nos países em desenvolvimento e a facilitação dos financiamentos viabilizaram importantes avanços sociais em muitos países.

Entretanto, não podemos deixar de questionar o preço a ser pago por tantas transformações. Os problemas do aquecimento global, mudanças climáticas e a exploração desmedida dos recursos naturais já ameaçam diretamente a sobrevivência das gerações futuras, evidenciando a insustentabilidade do modelo econômico vigente.

Embora o rendimento mundial tenha experimentado um aumento significativo nas últimas décadas, agravou-se o nível de desigualdade socioeconômica entre ricos e pobres. As frequentes crises financeiras expõem claramente as falhas de um sistema de geração de riquezas propagado como ideal.

Os noticiários registram a elevação diária das tensões sociais provocadas pelas mazelas típicas de uma sociedade excludente.

---

[1] V. HOBSBAWM, Eric. *Era dos extremos*: o breve século XX (1914-1991). 2. ed. Tradução: Marcos Santarrita. São Paulo: Companhia das Letras, 2003. p. 26.

Os protestos de movimentos sociais – organizados ou não –, descontentes com a nova ordem global, refletem um preocupante sentimento de descrença nas instituições políticas. A globalização deu origem a um novo jogo de poder na arena internacional. O formato do tabuleiro agora coincide com a representação gráfica do mapa *mundi*. Enquanto os Estados perdem espaço e importância, outros jogadores, como empresas multinacionais, organizações não governamentais e instituições internacionais, assumem novos postos.

A falta de um modelo político estável, de um documento constitucional e de uma instituição de direção executiva dificulta bastante a identificação das regras que disciplinam esse jogo, assim como das estratégias disponíveis aos jogadores. Não há como prever se as táticas adotadas pelos Estados alcançarão o equilíbrio das forças sociais de modo pacífico ou inflamarão embates violentos, como visto repetidas vezes na história.

Por ironia do destino, hoje a disputa de poder se assemelha mais ao jogo chinês milenar denominado Go do que ao xadrez. Enquanto no primeiro a missão dos jogadores é conquistar o máximo de território com o menor dispêndio possível, no segundo o objetivo principal é destruir o oponente.

Em meio a tantas variáveis que constituem esse cenário complexo, nosso estudo pretende inicialmente descobrir como os Estados, mais especificamente os respectivos sistemas fiscais, estão atuando para aumentar ou, a esse ponto, simplesmente manter os atuais níveis de arrecadação de tributos. O próximo objetivo consiste em dar um passo adiante a fim de verificar na prática como o Fundo Monetário Internacional (FMI), a Organização para a Cooperação e Desenvolvimento Econômico (OCDE) e a União Europeia (UE) estão lidando com a crise fiscal dos Estados. O propósito final resume-se em avaliar se a teoria dos jogos pode contribuir na resolução dos problemas fiscais enfrentados através do estímulo a atitudes cooperativas entre os jogadores.

Para alcançar todos os objetivos propostos de maneira didática, nosso trabalho foi estruturado do seguinte modo: introdução, cinco capítulos intermediários e conclusão.

O primeiro capítulo trata especialmente da globalização. Uma interpretação mais próxima da realidade requer o estudo detalhado do conceito, principais características, assim como dos efeitos mais evidentes de tal fenômeno.

O capítulo seguinte discute os impactos provocados pelas transformações sociais recentes nos sistemas jurídicos atuais. A ideia central é perceber como ordenamentos erguidos a partir de premissas positivistas – segundo as quais todos os conflitos sociais podem ser previstos e calculados, logo, resolvidos por um sistema de regras escolhidas democraticamente – se comportam num ambiente regido por infinitas leis, em que inúmeros sujeitos convivem no mesmo plano hierárquico e sem autoridade ou poder central.

Mais adiante, o capítulo três dedica-se ao exame do Estado Fiscal no século XXI. Nota-se que as duas grandes guerras mundiais repercutem até hoje, sobretudo na configuração das estruturas administrativas estaduais. A área da socialidade é marcada por crescentes gastos e sucessivos déficits das contas públicas. Na outra margem, sistemas fiscais arcaicos digladiam-se numa disputa desleal por receitas e sobrecarregam os contribuintes de menor capacidade econômica.

O quarto capítulo retrata ações práticas recomendadas aos Estados pelo *Código de Boas Práticas para a Transparência Fiscal*, do FMI; pelo relatório *Concorrência Fiscal Prejudicial: Um Problema Global Emergente*, da OCDE; e pelo comunicado *Promover a Boa Governação em Questões Fiscais*, da UE, no intuito de superar a crise fiscal.

O quinto capítulo discorre sobre os aspectos elementares da teoria dos jogos e a possibilidade de sua aplicação ao direito, especialmente na construção de instrumentos jurídicos que estimulem o comportamento cooperativo entre as partes.

Contudo, antes de iniciarmos os estudos propriamente ditos, devemos alertar que analisar o presente, muitas vezes, é mais difícil que se debruçar sobre o passado ou especular o futuro. Embora contemos hoje com a riqueza de registros documentais, aparatos tecnológicos e outros inúmeros recursos, uma descrição confiável do presente exige-nos uma postura sensível, porém livre de preconceitos e paixões políticas. Caso contrário, correremos o risco de desfrutar uma visão nublada da realidade.

Os estudiosos que se propõem a examinar o tempo presente devem ter a responsabilidade de emitir seu próprio juízo, em que pese a maior exposição às críticas (nem sempre construtivas). Contudo, cabe àqueles que pretendem contribuir com a evolução do direito e, consequentemente, de um desenvolvimento social justo e digno refletir sobre todos os questionamentos a fim de discernir os válidos. Não há que temer as críticas, mas, sim, a falta de críticos, pois isto significaria o descaso com as ciências jurídicas e com os valores sociais conquistados à custa de muito sangue e suor.

CAPÍTULO 1

GLOBALIZAÇÃO

1.1 Conceito de globalização

Convém dizer inicialmente que não há consenso entre os especialistas quanto à definição exata do termo "globalização".

José Eduardo Faria afirma que o fenômeno da globalização não é algo recente, pois vestígios dela podem ser encontrados ainda no mundo antigo, bem como na era moderna, marcada pelos grandes projetos de navegação, afloramento das ciências e fortalecimento do modelo mercantilista.[2][3]

Para Anthony Giddens, a globalização representa a "intensificação das relações sociais em escala mundial", de modo que um evento ocorrido numa comunidade distante tem o poder de afetar outra e vice-versa.[4]

Sob a ótica sociológica de Ulrich Beck, tal fenômeno corresponde, na verdade, a uma nova forma de interação entre os Estados-Nações e os atores transnacionais, dando origem a uma complexa cadeia de relações entre eles.[5]

---

[2] FARIA, José Eduardo. *O direito na economia globalizada*. São Paulo: Malheiros, 2004. p. 60.

[3] Sobre o assunto, v. LOUREIRO, João Carlos. Desafios de Témis, trabalhos dos homens – constitucionalismo, constituição mundial e sociedade de risco, nação e defesa. *Separata*, n. 97, 2ª série. Lisboa, primavera 2001. p. 43-59.

[4] GIDDENS, Anthony. *As conseqüências da modernidade*. Tradução: Raul Fiker. São Paulo: Editora UNESP, 1991. p. 60.

[5] BECK, Ulrich. *¿Qué es la globalización? Falacias del globalismo, respuestas a la globalización*. Tradução: Bernardo Moreno Carrillo e María Rosa Borrás. Barcelona: Ediciones Paidós Ibérica S.A., 2008. p. 34.

Já na vertente econômica, Joseph Stiglitz resume a globalização como sendo a integração mais estreita entre Estados e populações, resultado "da enorme redução dos custos de transporte e de comunicação e a destruição de barreiras artificiais à circulação transfronteiriça de mercadorias, serviços, capitais, conhecimentos e (em menor escala) pessoas".[6]

O fato é que tal fenômeno não está adstrito a um só campo de incidência, pois, como bem lembra Boaventura de Sousa Santos, seus efeitos atingem tanto a ordem econômica quanto a *social, política, cultural, religiosa* e *jurídica*, que acabam por estabelecer complexos elos entre si.[7]

Em que pese todas as divergências, acreditamos que a verdadeira globalização ocorreu há milhares de anos, no momento em que os primeiros exemplares da espécie humana deixaram o continente africano para conquistar os mais diferentes ecossistemas do globo terrestre.

Não há como negar que características das culturas egípcia, persa, grega, romana, entre tantas outras grandes civilizações, transcenderam as respectivas fronteiras territoriais e, assim, influenciaram profundamente diferentes sociedades. Muitos traços culturais, aliás, foram assimilados quase naturalmente, despertando em nós o sentimento de que tais costumes sempre nos pertenceram.

A verdade é que muitos valores resultantes das interações em sociedade, com o transcurso do tempo, revelaram-se universais ou, como queiram, globais, subsistindo, inclusive, nos dias de hoje.

1.2 Elementos da globalização

O fenômeno que se convencionou denominar globalização é tão vasto e multifacetado que identificar suas principais características, por si só, representa um trabalho árduo e meticuloso.

Os principais atributos da globalização, segundo Ulrich Beck, radicam na forma intrincada em que se desenvolvem as relações sociais *regionais-globais*, com destaque para os domínios cultural, político, militar e econômico. Isso não implica, todavia, a formação de uma

---

[6] STIGLITZ, Joseph. *Globalização*: a grande desilusão. 3. ed. revisada. Lisboa: Terramar, 2004. p. 46.

[7] SANTOS, Boaventura de Sousa. Os processos da globalização. In: SANTOS, Boaventura de Sousa (org.), *Globalização*: fatalidade ou utopia? Porto: Edições Afrontamento, 2001. p. 32.

megassociedade, composta supostamente pela união das sociedades nacionais.[8][9]

Vale esclarecer que não pretendemos investigar exaustivamente todos os setores afetados pela globalização, embora reconheçamos que, inevitavelmente, uns exercem influências sobre os outros. Abordaremos o fenômeno de forma mais concisa, restringindo-nos às modificações que mais impactaram as receitas dos Estados.

Em primeiro lugar, destaca-se o impressionante desenvolvimento das ciências e tecnologia vivenciado nas últimas décadas. O acúmulo de conhecimento experimentado pela comunidade científica ao longo dos anos, assim como a difusão desse conteúdo – ocorrida de forma cada vez mais intensa –, favorece a evolução contínua e acelerada de praticamente todos os ramos do conhecimento.

Não há dúvidas de que o surgimento dos computadores, principalmente os de uso pessoal (PCs), no final da década de 1970 e início dos anos 1980, abriu caminho para uma revolução no campo científico. O jornalista norte americano Thomas L. Friedman é preciso ao registrar que as inovações promovidas pelo trio empresarial – Apple, IBM e Windows – possibilitaram *a representação digital de todas as formas importantes de expressão – palavras, música, dados numéricos, mapas, fotografias e, por fim, voz e vídeo*.[10]

Pouco tempo depois, no ano de 1991, mais um ciclo da revolução digital se completou com o aparecimento da *World Wide Web*. O conceito desenvolvido na CERN, Organização Europeia de Pesquisa Nuclear, sob os auspícios do cientista britânico Tim Berners-Lee, permitiu a criação de um mundo totalmente novo no plano virtual. A partir do surgimento da internet, todas as pessoas físicas e jurídicas ligadas à rede podem interagir umas com as outras, compartilhando dados e informações numa velocidade sem precedentes.

A rede de computadores, contudo, somente se tornou mundial a partir do momento em que foram providenciadas as estruturas demandadas ao seu funcionamento, tais como cabos de fibra ótica, aparelhos

---

[8] BECK, Ulrich. *¿Qué es la globalización?* Falacias del globalismo, respuestas a la globalización. Tradução: Bernardo Moreno Carrillo e María Rosa Borrás. Barcelona: Ediciones Paidós Ibérica S.A., 2008. p. 37.

[9] De acordo com Anthony Giddens, a globalização congrega quatro dimensões. A primeira delas é a economia capitalista mundial, seguida pelo sistema de estados-nação, ordem militar mundial e, por último, desenvolvimento industrial. V. detalhes em GIDDENS, Anthony. *As consequências da modernidade*. Tradução: Raul Fiker. São Paulo: Editora UNESP, 1991. p. 65-72.

[10] FRIEDMAN, Thomas L. *O mundo é plano*: uma história do século XXI. 10. ed. Lisboa: Actual, 2010. p. 59.

de modem, satélites, *softwares*, enfim, um novo setor industrial que cresce a cada dia.

Outra face visível da globalização é a afirmação do modelo ocidental capitalista.

Para muitos especialistas, a derrubada do muro de Berlim, em 09 de novembro de 1989, representa mais que a unificação de uma cidade dividida. Esse marco histórico traduz o triunfo do modelo de produção capitalista sobre o socialismo.[11]

Naquele mesmo ano, o economista John Williamson, do *International Institute for Economy*, formulou 10 regras básicas que sintetizariam as políticas macroeconômicas recomendadas pelo Fundo Monetário Internacional, pelo Banco Mundial e pelo Departamento do Tesouro dos Estados Unidos da América (EUA), aos países em crise da América Latina. A cartilha ficou conhecida como Consenso de Washington e conquistou fama internacional após o FMI torná-la sua política oficial.[12]

As recomendações consistem em: (i) disciplina fiscal; (ii) reordenamento das prioridades dos gastos públicos; (iii) reforma tributária; (iv) liberalização das taxas de juros; (v) taxa de câmbio de mercado; (vi) abertura comercial; (vii) liberalização dos investimentos estrangeiros; (viii) privatização das sociedades empresarias estatais; (ix) desregulamentação (redução das barreiras alfandegárias); e (x) direito à propriedade intelectual.

Na opinião de Joseph Stiglitz, o Consenso de Washington pode ser resumido em três pilares: *austeridade orçamental, privatizações* e *liberalização dos mercados*.[13]

As recomendações quanto à austeridade orçamentária basicamente passam pela disciplina fiscal e diminuição do déficit das contas públicas através da clássica fórmula de elevação das receitas em face da redução das despesas.

Numa ponta, a redução dos gastos sugerida poderia ser alcançada estabelecendo-se as despesas públicas prioritárias e, por conseguinte,

---

[11] V. BECK, Ulrich. *¿Qué es la globalización? Falacias del globalismo, respuestas a la globalización*. Tradução: Bernardo Moreno Carrillo e María Rosa Borrás. Barcelona: Ediciones Paidós Ibérica S.A., 2008. p. 15. FRIEDMAN, Thomas L. *O mundo é plano*: uma história do século XXI. 10. ed. Lisboa: Actual, 2010. p. 55 e ss.

[12] WILLIAMSON, John. *A short history of the Washington consensus*. Artigo encomendado pela Fundação CIDOB para uma conferência "Do Consenso de Washington para uma nova governança mundial", Barcelona, 24-25 de setembro de 2004. Disponível em: <http://www.iie.com/publications/papers/williamson0904-2.pdf>. Acesso em: 17 ago. 2012.

[13] STIGLITZ, Joseph. *Globalização*: a grande desilusão. 3. ed. revisada. Lisboa: Terramar, 2004. p. 95.

cancelando-se as demais. Na outra, o incremento da arrecadação adviria de uma reforma tributária ampla, na qual seriam alargadas as bases desse sistema concomitantemente à redução de alíquotas, ou seja, promovendo a redistribuição do ônus tributário.

O segundo pilar é corolário natural da reestruturação dos gastos públicos. As privatizações das empresas estatais, bem como a transferência ao setor privado da prestação dos serviços públicos, ocorrem sob a justificativa de redução dos custos e melhoria da eficiência. Conforme será visto em momento oportuno, esse novo modelo trouxe sérias implicações ao tradicional Estado Social.

O terceiro esteio talvez seja o que mais gerou impactos na vida cotidiana nas últimas décadas: a eliminação ou a simples diminuição das tarifas alfandegárias, cumulada com a redução das exigências legais para o comércio internacional, abriu novas fronteiras aos investimentos privados. E isso aconteceu no mesmo instante em que os mercados financeiros mundiais foram interligados.

A partir da liberalização dos mercados de capitais, os investidores puderam aplicar seus recursos em qualquer parte do globo terrestre, bem como transferi-los aos sítios onde há melhor margem de lucro, de modo instantâneo e quase sem restrições.

A desregulação dos mercados nacionais – diminuição dos entraves legais ao comércio –, por sua vez, estimulou a reestruturação agressiva dos processos produtivos de bens e serviços.

As sociedades empresariais enxergaram na globalização a oportunidade ideal para auferir vantagens concorrenciais da desfragmentação da cadeia produtiva. A lógica de mercado conduz as empresas a buscarem localidades onde há maior oferta de mão de obra qualificada, remuneração mais baixa, melhor estrutura logística e menores custos de produção com intuito de reduzir despesas e, consequentemente, incrementar lucros.

Pode-se dizer que a prática conhecida como *outsourcing*, isto é, terceirização da mão de obra fora da empresa sede, é fato consumado, principalmente a partir de 11 de dezembro de 2001, data em que a China aderiu formalmente à Organização Mundial do Comércio, aceitando observar as regras internacionais sobre importações, exportações e investimentos estrangeiros.

Alguns dados do começo dos anos 2000, compilados por Thomas Friedman, ainda são capazes de causar um sentimento de reflexão.

Segundo o autor, em 2003, aproximadamente 25 mil declarações de impostos dos EUA foram processadas na Índia. Dois anos depois, em 2005, esse número subiu para cerca de 400 mil.[14] Vale reforçar que o fenômeno do *outsourcing* atinge tanto as sociedades que produzem mercadorias, tais como aviões, automóveis, vestuário, calçados, etc., quanto as prestadoras de serviços, sobretudo as atuantes nos ramos de atendimento ao consumidor (*call centers*), comunicação, línguas, desenvolvimento de *softwares* e diagnósticos médicos.

O jurista italiano Sabino Cassese traz uma pequena – embora significativa – amostra em números do "sucesso" da estratégia adotada pelas multinacionais. Das 100 maiores entidades econômicas mundiais, 51 são sociedades empresariais e 49 são Estados. O volume de negócios da *General Motors*, por exemplo, supera o produto interno bruto (PIB) de países como Arábia Saudita, Turquia e Polônia, e atualmente há mais de 145.000 empresas multinacionais em operação.[15]

1.3 Consequências da globalização

A nova ordem global, enquanto fenômeno dialético, produziu inúmeros efeitos positivos e negativos na sociedade pós-moderna.[16]

Alguns benefícios podem ser vislumbrados na diminuição dos custos de produção; facilitação da aquisição de serviços e bens de consumo; redução dos valores dos transportes; universalização do acesso à informação e ao conhecimento técnico-científico; ampliação do mercado de trabalho nos países em desenvolvimento; facilitação dos financiamentos.

Todas essas conquistas, porém, não foram suficientes para causar a queda da pobreza mundial *per capita*. Ao contrário, o que se verifica é a ampliação dos níveis de desigualdade social, pois, enquanto o rendimento mundial aumentou em média cerca de 2,5% ao ano, no

---

[14] FRIEDMAN, Thomas L. *O mundo é plano*: uma história do século XXI. 10. ed. Lisboa: Actual, 2010. p. 22.

[15] V. CASSESE, Sabino. *La globalización jurídica*. Tradução: Luis Ortega, Isaac Martín Delgado e Isabel Gallego Córcoles. Madri: Marcial Pons, 2006. p. 14.

[16] Segundo Krishan Kumar, a era "pós-moderna" é caracterizada pelo fim dos limites que separavam os campos político, econômico, social e cultural. Além disso, tal sociedade é marcada pelo ceticismo em relação ao método científico, "o fim das grandes narrativas", a importância do "conhecimento local", o relativismo e o construtivismo social, o questionamento das narrativas tradicionais do "passado, presente e futuro" e, talvez o atributo mais peculiar, o pluralismo. In: KUMAR, Krishan. *Da sociedade pós-industrial à pós-moderna*: novas teorias sobre o mundo contemporâneo. 2. ed. ampl. Rio de Janeiro: Jorge Zahar Ed., 2006. p. 42-43 e p. 140-141.

mesmo período o número de pobres cresceu em aproximadamente 100 milhões.[17] A reestruturação do processo produtivo talvez seja o evento que tenha causado maior impacto social negativo nos últimos tempos. O corte nos custos estimulou o consumo inconsequente de produtos e mercadorias. A lógica capitalista pressupõe a elevação contínua da produção; todavia, em um horizonte onde os recursos naturais são limitados, a razão entre produção e consumo revela-se insustentável em médio e longo prazos.

Os problemas de aquecimento global, mudanças climáticas e extinção de recursos naturais – imprescindíveis à perpetuação das gerações futuras – não são questões distantes. A imediatidade das ameaças ambientais leva Klaus Bosselmann a propor uma relação direta entre os conceitos de sustentabilidade e justiça. A justificativa da tese do autor decorre de uma simples, porém perturbadora questão: *como podemos organizar uma justa distribuição de bens e encargos ao longo das gerações?*[18]

A discussão a respeito da exploração do meio ambiente pelas gerações presentes e futuras certamente suscita a reflexão sobre a repartição equitativa dos recursos naturais escassos.

Nos últimos anos, nota-se que a preocupação em conciliar desenvolvimento econômico com a preservação do meio ambiente alcançou *status* de política pública de interesse global. O tema apareceu formalmente pela primeira vez no relatório da Organização das Nações Unidas (ONU) denominado *The Limits of Growth*, publicado no ano de 1972.[19] Contudo, foi na Conferência da ONU sobre o Meio Ambiente e o Desenvolvimento (Eco-92), ocorrida na Cidade do Rio de Janeiro, que se consagrou o conceito de desenvolvimento sustentável.

Não faltam espaços ou canais de comunicação, quer sejam públicos, não governamentais, reais ou virtuais, nos quais a sociedade pode debater a necessidade de preservação da natureza. Resta apenas saber se haverá tempo suficiente para reverter o processo de autodestruição de nosso *habitat*.

Os preços diminutos dos produtos podem esconder outra lamentável realidade. Os custos baixíssimos, muitas vezes, são alcançados através do não reconhecimento de direitos básicos, sobretudo os de natureza trabalhista e social (saúde, previdência e assistência social);

---

[17] V. STIGLITZ, Joseph. *Globalização*: a grande desilusão. 3. ed. revisada. Lisboa: Terramar, 2004. p. 42.

[18] BOSSELMANN, Klaus. *The principle of sustainability transforming law and governance*. Farnham: Ashgate, 2008. p. 10.

[19] *Ibidem*, p. 25.

enfim, à custa de valores inerentes à realização mínima do princípio universal da dignidade da pessoa humana.

Na onda de diminuição dos gastos, os postos de trabalho migraram dos países considerados desenvolvidos para os em desenvolvimento, levando algumas nações a níveis de desemprego raramente experimentados.

Segundo dados da OCDE, a média da taxa de desemprego nos países-membros alcançou o índice de 7,9% em maio de 2012. Na região do euro, verificou-se o recorde histórico de 11,1% de trabalhadores sem emprego.

No mês de maio de 2012, enquanto os Estados Unidos apresentaram uma taxa de desemprego de 8,2%, e o Japão, de apenas 4,4%, outros países mostraram uma situação preocupante, como nos casos da Espanha (24,6%), Portugal (15,2%), Irlanda (14,6%) e Itália (10,1%). Naquele mês, registrou-se o número de 47,7 milhões de desempregados na zona da OCDE, ou seja, 14,1 milhões a mais do que em maio de 2008. Desse total, 11,9 milhões de trabalhadores eram jovens.[20]

Outro problema é a redução da remuneração dos postos de trabalho que ainda restam, pois, segundo o comportamento das leis econômicas da oferta e demanda, a crescente disponibilização de mão de obra pelos países em desenvolvimento tende a diminuir os patamares salariais ao redor do mundo.

Há ainda o aumento das dívidas pessoais. A queda dos rendimentos aliada à maior oferta de crédito e facilidade na concessão de empréstimos financeiros estimulou o endividamento descontrolado de muitas famílias.

---

[20] De acordo com a reportagem da BBC, intitulada *Depressão, alcoolismo e problemas sexuais aumentam na Espanha com a crise econômica*, diversos estudos realizados indicam que a alta taxa de desemprego do país está afetando a saúde mental dos espanhóis, principalmente quanto a problemas relacionados à depressão, alcoolismo e disfunções sexuais. Uma pesquisa da Fundação Pfizer comprovou que, no ano de 2010, 44% da população espanhola sofria mais com estresse e tensão do que nos dois anos anteriores. As incertezas em relação ao trabalho e aos rumos da economia representavam a principal fonte de problemas. O percentual de espanhóis maiores de 16 anos que sofriam de depressão, ansiedade ou de outros problemas de saúde mental subiu de 13,7%, em 2006, para 14,4%, em 2009. A Associação de Autoajuda e Informação sobre a Síndrome de Dependência Alcoólica (ARCA), da província de Cádiz, registra um acréscimo de 39% no número de pacientes no primeiro trimestre de 2012, sendo que, dos novos casos, 52% são pessoas desempregadas. A disfunção erétil afeta atualmente entre 25% e 30% da população masculina da Espanha (AGUIAR, Liana. Depressão, alcoolismo e problemas sexuais aumentam na Espanha com a crise econômica. *BBC Brasil*, São Paulo, 14 ago. 2012. Disponível em: <http://www.bbc.co.uk/portuguese/noticias/2012/08/120813_crise_saude_espanhois_la.shtml>. Acesso em: 14 ago. 2012).

A liberalização dos mercados financeiros trouxe consigo efeitos colaterais nefastos. As falhas de regulamentação internacional dos mercados de capitais têm sido exploradas em benefício de atividades criminosas. O relatório da Organização das Nações Unidas, intitulado *Paraísos Financeiros, segredo bancário e lavagem de dinheiro*, publicado em 1998, retrata bem essa situação.[21]

Segundo Vito Tanzi, a globalização possibilitou aos criminosos explorarem com mais eficiência as diferenças de controle e regulamentos dos mercados financeiros no intuito de promoverem o branqueamento do capital oriundo de atividades ilícitas.[22]

A regulação deficitária dos sistemas financeiros internacionalizou também os riscos. Em um sistema de envergadura global que movimenta cerca de 1,6 trilhão de dólares diariamente em operações cambiais,[23] a ameaça de prejuízos é compartilhada por todas as comunidades.

Nas últimas décadas, foram tantas crises financeiras mundiais que se tornou difícil distinguir o começo e o fim de cada uma delas. Apenas para relembrar: em 1997, estourou a crise da Ásia; no ano seguinte, a crise da Rússia; em 2001, a crise iniciada pelos ataques terroristas de 11 de setembro; no ano de 2008, a crise imobiliária americana, que reverbera até os dias de hoje.[24]

A reação às frequentes crises pode ser vista nas ruas das cidades, com a intensificação dos protestos de movimentos sociais, organizados ou não, descontentes com a nova ordem global. Vejam, por exemplo, os casos da primavera árabe no Oriente Médio e Norte da África, os indignados na Espanha, *Occupy Wall Street* em Nova Iorque e as revoltas na Grécia.

---

[21] ONU. Financial havens, banking secrecy and money laundering. Relatório das Nações Unidas, preparado pelo Programa Global contra o Branqueamento de Capitais conjuntamente com o Gabinete de Controle de Drogas e Prevenção de Crimes, divulgado em maio de 1998. Disponível em: <http://www.oecd.org/dataoecd/33/0/1904176.pdf>. Acesso em: 01 abr. 2011.

[22] TANZI, Vito. *Policies, institutions and the dark side of economics*. Cheltenham, UK: Edward Elgar, 2000. p. 186.

[23] V. MAKHLOUF, Gabriel. Transparency in tax systems: keeping pace with the information age. Based on a speech to the IBC International Tax Forum, Milan, 28 October 1999. *Intertax*, Volume 28, Issue 2 Kluwer Law International, 2000. p. 64.

[24] A falta de regulação do mercado norte-americano de hipotecas aliada às taxas de juros baixas, entre outras particularidades, foi responsável pela criação de uma bolha imobiliária. Os efeitos do estouro dessa bolha, isto é, os prejuízos financeiros advindos do inadimplemento das hipotecas norte-americanas, foram sentidos pela economia mundial. Nesse sentido, v. STIGLITZ, Joseph. *O mundo em queda livre*: os Estados Unidos, o mercado livre e o naufrágio da economia mundial. Tradução: José Viegas Filho. São Paulo: Companhia das Letras, 2010. p. 35 e ss.

O resultado dessa miscelânea de fatores econômicos, culturais e políticos pode ser o grande responsável pelo aumento generalizado dos conflitos, dos índices de criminalidade, atos de terrorismo internacional, da violência urbana, enfim, da instabilidade social.

Nesse contexto conturbado, altamente mutável, no qual os Estados, por mais militarizados, deixam transparecer pontos fracos nas relações de poder, surgem infinitos questionamentos ainda sem respostas definitivas: como solucionar conflitos regionais de impactos globais? Quais serão as partes legítimas para construir as decisões? Quem definirá as questões prioritárias? Qual será a metodologia utilizada?

Embora todas essas dúvidas sejam inquietantes, o próximo capítulo será dedicado a tratar um dos temas que têm perturbado grandes juristas, qual seja, o papel desempenhado pela ciência jurídica nesse debate.

CAPÍTULO 2

A NOVA ORDEM JURÍDICA

2.1 Ordem *versus* caos

As figuras escolhidas pelos autores François Ost e Michel van de Kerchove no preâmbulo da obra *De la pyramide au réseau? Pour une théorie dialectique du droit*, além de pitorescas, são capazes de despertar uma profunda reflexão sobre as novas premissas a serem consideradas pela ordem jurídica vigente.

O primeiro desenho reproduz a versão original do monstro Leviatã, de Thomas Hobbes (1651), e o segundo corresponde à litografia do alemão M. C. Escher, denominada *Relativity* (1953). As duas figuras, dispostas propositadamente no mesmo plano, revelam momentos históricos distintos e concepções diametralmente opostas. A noção inicial de um mundo em plena ordem é subitamente arrebatada por uma perspectiva caótica das ações humanas.[25]

A convergência de todas as intensas transformações no mesmo período histórico – identificado como globalização – abalou as estruturas do pensamento científico moderno. Aos poucos, as ciências – sobretudo as sociais – perceberam que os fatos dados como consequências lógicas nem sempre obedecem roteiros ou leis naturais predeterminados.

Sob a influência do positivismo, a sociedade fora concebida como produto da relação de subsistemas coesos e harmônicos, quase como um modelo físico ou mecânico. Assim, desenvolveu-se a crença

---

[25] OST, François; KERCHOVE, Michel van de. *De la pyramide au réseau? Pour une théorie dialectique du droit*. Bruxelles: Facultés universitaires Saint-Louis, 2002. p. 7-8.

segundo a qual todos os conflitos sociais podem ser previstos e calculados, consequentemente resolvidos, através de um sistema de regras escolhidas democraticamente.

Não há como negar que tal modelo jurídico, sob certas condições, prosperou, principalmente em ambientes mais restritos, isto é, em Estados mais "resguardados" das influências de políticas externas. Talvez o segredo de tanto sucesso esteja ligado à sensação de segurança e, por que não dizer, de relativa certeza quanto às relações futuras.

Ao mesmo tempo em que os sistemas jurídicos internos sofreram maior influência de fatores internacionais, também provocaram efeitos além das fronteiras de seus Estados. No entanto, é impossível delimitar com exatidão a proporção e metodologia dessa relação, semelhante ao que sucede com o efeito borboleta.[26] Nessas condições, o modelo jurídico baseado em certezas absolutas já não fornece, como outrora, soluções reconfortantes.

Para entendermos claramente as razões pelas quais a ordem jurídica vigente enfrenta problemas sérios para se adaptar à realidade contemporânea, examinaremos a seguir, em pormenores, os caracteres da "ordem tradicional" e da "nova ordem" jurídicas.

Em sede preliminar, devemos esclarecer alguns pontos de partida. Por razões metodológicas, as expressões "ordem tradicional" e "nova ordem" (ou "novo regime") foram empregadas com a única intenção de diferenciar o modelo jurídico de cariz iluminista, dominante nos Estados modernos europeus, daquele que hoje acreditamos estar em plena construção.

2.2 O primado da lei

No Estado Monárquico do século XVIII, não havia uma distinção clara entre os bens pertencentes ao rei e os bens privados. A figura do Estado estava subjugada ao poder soberano exercido com exclusividade pelo monarca.

Mais tarde, os novos limites do Estado foram impostos pelas leis, tidas como expressão da vontade do povo. A ideia de controle do Estado, por conseguinte do despotismo pela lei, está presente em diferentes fórmulas jurídicas, cada qual com suas nuances tradicionais, como a *rule of law*, *due process of law*, *Rechtsstaat* e *principe de la légalité*.

---

[26] De acordo com a Teoria do Caos, em determinados sistemas, pequenas variações nas condições iniciais podem gerar grandes variações nos resultados finais. Essa "dependência sensível das condições iniciais" ficou conhecida como "efeito borboleta" (In: GLEICK, James. *A criação de uma nova ciência*. 9. ed. Rio de Janeiro: Campus, 1999. p. 20).

O regime iluminista conferiu maior importância à legislação e ao parlamento, defendeu a distinção entre direito público e direito privado, bem como a divisão estrita entre os poderes do Estado.[27] Tais preceitos são, portanto, os germens do Estado de Direito Democrático. O Estado de Direito Democrático nada mais é, conforme os ensinamentos de José Joaquim Gomes Canotilho, que *uma ordem de domínio legitimada pelo povo*. Logo, o poder político do Estado derivado do sufrágio universal somente será legítimo quando exercido dentro das fronteiras erigidas pelo direito.[28]

A ascensão do iluminismo reafirmou o papel da lei de protagonista central no sistema jurídico, pois se acreditava que ela corresponderia fielmente à vontade dos representados. Desse modo, a principal finalidade do poder delegado pela política seria a elaboração dessas leis.[29]

Na ordem jurídica tradicional, o conceito de lei é específico e não se confunde com o das demais normas. A lei possui dois sentidos técnicos: um formal, que corresponde ao ato emanado do parlamento; e outro, material, pois se trata de uma regra jurídica geral e abstrata.[30]

A fórmula do Estado de Direito Democrático contém várias regras e princípios que, no transcorrer do tempo, se consolidaram como verdadeiros dogmas jurídicos.[31] Para os mais conservadores, o simples questionamento de tais valores é visto como verdadeiro sacrilégio. O princípio da legalidade é um desses temas intocáveis.

Tal princípio carrega em si dois postulados "sagrados": a supremacia da lei e a reserva legal. O primeiro significa que a lei aprovada pelo Parlamento está acima de qualquer norma ou atos de administração

---

[27] Montesquieu distinguia o poder ao nível funcional em legislativo, executivo e judicial, sendo exercido, respectivamente, pelo Parlamento, Governo e Tribunais (In: MONTESQUIEU, Charles de Secondat, Baron de. *O espírito das leis*. Tradução: Cristina Murachco. 2. ed. São Paulo: Martins Fontes, 1996. p. 167-168.

[28] CANOTILHO, José Joaquim Gomes. *Direito constitucional e teoria da constituição*. 7. ed. Coimbra: Almedina, 2010. p. 96-98.

[29] FERRARESE, Maria Rosaria. *La governance tra politica e diritto*. Bologna: Il Mulino, 2010. p. 23.

[30] JESCH, Dietrich. *Ley y administracion*: estúdio de la evolucion del principio de legalidade. Madrid: Instituto de Estúdios Administrativos, 1978. p. 18.

[31] Conforme os ensinamentos de Robert Alexy, tanto as regras como os princípios são normas de direito, uma vez que ambos determinam o que deve ser feito. A diferença reside no fato de que os princípios contêm um mandamento que deve ser aplicado na maior medida possível. Dentro das possibilidades jurídicas, seu conteúdo pode ser adaptado à realidade para garantir uma aplicação eficaz. Já as regras são simplesmente aplicáveis ou não ao caso. Logo, não há margem para adequações à situação concreta (In: ALEXY, Robert. *Teoria de los derechos fundamentales*. Versión castellana: Ernesto Garzón Valdés. Madri: Centro de Estudios Constitucionales, 1993. p. 85-87).

(regulamentos, instruções normativas, circulares, pareceres). O segundo determina que liberdades, garantias ou restrições aos direitos somente podem ocorrer quando previstos na lei competente ou autorizados por ela.[32]

No plano fiscal, o princípio da legalidade prescreve que a instituição de tributos, bem como a disciplina de seus componentes essenciais, depende necessariamente da edição de lei – assim considerada quanto aos aspectos formais e materiais – pelo Parlamento.[33]

De fato, as raízes dos ordenamentos jurídicos atuais estão fincadas em concepções iluministas. Na fundamentação moral do sistema jurídico, Francisco Laporta identifica três dimensões legais distintas do "império da lei":

a) a primeira estaria ligada às normas jurídicas que disciplinam a violência em sociedade, os direitos de propriedade e as relações comerciais, sendo sua execução garantida pelo aparato coator do poder público;

b) além dos particulares, as normas também se aplicariam aos poderes públicos. Logo, qualquer ato advindo deles estaria sujeito ao controle de legalidade;

c) por último, o império da lei implicaria regras gerais e abstratas que permitiriam o *tratamento formalmente igual para todos os destinatários, razoavelmente estável, de fácil conhecimento público, sem efeitos retroativos e que possa ser demandado perante os tribunais.*[34]

Há que se ressaltar que o modelo tradicional de legalidade pura e estrita, cuja aplicação das normas pretendia ser uma atividade quase mecânica de subsunção da lei ao caso concreto, está deveras ultrapassado.

Em busca de emprestar maior eficácia às soluções normativas, a nova ordem jurídica recorre frequentemente à técnica legislativa que Paulo Otero considera como *progressiva indeterminação e abertura densificadora da normatividade.* A fixação legal de conceitos jurídicos mais abertos, gerais e imprecisos conferem ao Poder Público flexibilidade

---

[32] CANOTILHO, José Joaquim Gomes. *Direito constitucional e teoria da constituição.* 7. ed. Coimbra: Almedina, 2010. p. 256.

[33] V. NABAIS, José Casalta. *O dever fundamental de pagar impostos: contributo para compreensão constitucional do Estado Fiscal contemporâneo.* Coimbra: Almedina, 2009. p. 345.

[34] LAPORTA, Francisco J. *El imperio de la ley:* una visón actual. Madrid: Editorial Trotta S.A., 2007. p. 246-247.

e, consequentemente, maior grau de liberdade de conformação dos mandamentos legais à atividade administrativa quotidiana.[35]

Ademais, percebe-se que o eixo da administração pública, antes concentrado na atividade legislativa, está se deslocando rapidamente para práticas regulatórias, sob a justificativa de ganho de eficiência. As *"independem agencies"* e *"independem regulatory commissions"* são figuras cada vez mais comuns.[36] As agências reguladoras são responsáveis por estabelecer regras técnicas, fiscalizar sua execução, bem como aplicar as sanções por eventuais descumprimentos.[37]

A proliferação dessas entidades independentes é um fenômeno tanto local quanto internacional. O Memorando MEMO/08/15 da União Europeia, publicado em 11 de março de 2008, dá conta da existência de 29 agências reguladoras que integram seu corpo administrativo.[38]

2.3 A construção de um novo sistema?

Hoje não é possível distinguir com clareza as normas de conteúdo doméstico das que cuidam de interesses externos. As teorias monista e dualista de direito internacional clássico não são suficientes para identificar e disciplinar, com êxito, o quadro de competências estaduais relativas ao regime jurídico interno e internacional.[39]

O direito supranacional atingiu tamanha envergadura a ponto de José Joaquim Gomes Canotilho afirmar que o direito constitucional é, hoje, um *direito de restos*. Cabe aos sistemas jurídicos internos tratar apenas das sobras, ou seja, daquilo que (ainda) não fora disciplinado

---

[35] OTERO, Paulo. *Legalidade e administração pública*: o sentido da vinculação administrativa à juridicidade. Coimbra: Almedina, 2007. p. 894.

[36] FERREIRA, Eduardo Paz; MORAIS, Luís Silva. A regulação sectorial da economia – introdução e perspectiva geral. *In*: ANASTÁCIO, G., FERREIRA, Eduardo Paz; MORAIS, Luís Silva (Orgs.). *Regulação em Portugal*: novos tempos, novo modelo? Coimbra: Almedina, 2009. p. 27.

[37] V. MOREIRA, Vital. *Auto-regulação profissional e administração pública*. Coimbra: Almedina, 1997. p. 23-24.

[38] V. mais sobre o assunto em MOTTA, Paulo Roberto Ferreira. A regulação como instituto jurídico. *Revista de Direito Público da Economia*, Belo Horizonte, ano I, n. 4, out./dez. p. 183; FERREIRA, Eduardo Paz; MORAIS, Luís Silva. A regulação sectorial da economia – introdução e perspectiva geral. In: ANASTÁCIO, G.; FERREIRA, Eduardo Paz; MORAIS, Luís Silva (Orgs.). *Regulação em Portugal*: novos tempos, novo modelo? Coimbra: Almedina, 2009. p. 12.

[39] BOGDANDY, Armin von. Pluralism, direct effect, and the ultimate say: on the relationship between international and domestic constitutional law. *International Journal of Constitutional Law*, Oxford, 6 I.CON 397-413, 2008. p. 399-400.

pelas normas internacionais. O Estado, conforme anuncia com pesar o eminente professor, fora reduzido a um *herói local*.⁴⁰ A nova realidade é fruto de estratégias escolhidas pelos próprios Estados. Por um lado, verifica-se o crescimento constante do número de tratados internacionais. Por outro, nota-se que os Estados envidaram esforços, principalmente no período após a Segunda Guerra Mundial, para criação de organizações internacionais destinadas a auxiliar o desenvolvimento econômico e social.⁴¹

Ora, vale ressaltar que ambas as frentes de atuação dos Estados partem do mesmo pressuposto fundamental, qual seja, a cooperação das partes envolvidas. A justificativa é simples: num esquema carente de métodos de coação, não restam alternativas jurídicas (ao menos por enquanto) a não ser contar com a colaboração espontânea de todos os integrantes.

A quantidade de acordos internacionais firmados ao longo das últimas décadas revela o aumento significativo da interação entre os Estados. Em termos numéricos, há atualmente registrados na ONU mais de 50.000 documentos dessa natureza.⁴²

Os tratados evoluíram tanto no aspecto quantitativo quanto no qualitativo. Ao lado de acordos bilaterais e multilaterais celebrados entre países ou sujeitos tradicionais do direito internacional, é cada vez mais comum entidades internacionais imiscuírem-se nas negociações, inclusive na qualidade de parte. Veja-se, por exemplo, o Acordo de Complementação Econômica nº 55, assinado pelo Mercosul e México em setembro de 2002, que tem por objeto o comércio automotivo.

Em relação às organizações internacionais modernas, pode-se afirmar que sua origem remonta ao período da Grécia Antiga, mais precisamente a Liga Achaean, criada para desencorajar conflitos e promover a cooperação entre as cidades-estados gregas. Entretanto, não resta dúvida que tais organizações estão intimamente ligadas ao surgimento da figura do estado territorial europeu, originária do Tratado de Westfalia, de 1648.

No século XIX, a interdependência dos países conduziu a ascensão das conferências internacionais multilaterais como instrumento de cooperação, como o Congresso de Viena, em 1815, a Comissão Central

---

⁴⁰ CANOTILHO, José Joaquim Gomes. *Brancosos e interconstitucionalidade*: itinerários dos discursos sobre a historicidade constitucional. Coimbra: Almedina, 2006. p. 197.

⁴¹ CASSESE, Sabino. *A crise do Estado*. Tradução: Ilse Paschoal Moreira e Fernanda Landucci Ortale. Campinas: Saberes Editora, 2010. p. 41.

⁴² CASSESE, Sabino. *La globalización jurídica*. Tradução: Luis Ortega, Isaac Martín Delgado e Isabel Gallego Córcoles. Madri: Marcial Pons, 2006. p. 17.

do Reno, de 1804, e a Comissão Europeia do Danúbio, de 1856. A necessidade de abordagens comuns para os problemas de comércio, comunicação e transporte também impulsionou a criação de entidades internacionais, tais como a União Telegráfica Universal (1865), a União Geral dos Correios (1874), a Secretaria Internacional da Propriedade Industrial (1883) e a União Internacional de Fretes de Transporte Ferroviário (1890).

No século seguinte, o Tratado de Versalhes, assinado no final da Primeira Guerra Mundial, instituiu a Liga das Nações, precursora da atual Organização das Nações Unidas. Particularmente, após a Segunda Guerra Mundial, as organizações internacionais proliferaram em velocidade acelerada. Isso aconteceu não apenas em virtude da especialização das instâncias administrativas e agências da ONU, mas também devido às organizações regionais, como a Comunidade Europeia, e instituições de apoio, como a OCDE, FMI, entre tantos outros exemplos.

No ano de 1909, havia 37 organizações internacionais no mundo; em 1956, foram registradas 132 instituições. O auge foi atingido em 1985, com 378, sendo que, no final do século XX, houve um declínio para cerca de 250 organizações.[43]

A construção de um novo sistema jurídico parte de uma realidade fragmentada, em que diversos setores da sociedade progridem à margem do poder político e novos atores globais se estabelecem, enquanto os Estados perdem poder na arena internacional.

2.4 Estrutura vertical *versus* horizontal

O sociólogo espanhol Manuel Castells afirma que a reestruturação do processo industrial e os movimentos sociais e culturais libertários dos anos de 1960 e 1970, aliados à revolução tecnológica, ensejaram a construção de uma sociedade disposta em forma de rede. Nesta nova sociedade, acrescenta o autor, não há valores predefinidos, uma vez que estes mudam de acordo com a rede momentaneamente dominante.[44]

É interessante notar o ponto de virada de uma sociedade acostumada com a tradição milenar de estruturas hierarquizadas para um modelo no qual instituições e Estados convivem no mesmo plano ou,

---

[43] Tudo conforme ALVAREZ, José E. *International organizations as law-makers*. New York: Oxford University Press Inc., 2005. p. 17-23.

[44] CASTELLS, Manuel (Ed.). *La sociedad red*: una vision global. Tradução Francisco Munoz de Bustillo. 1. ed. 2. reimp. Madrid: Alianza Editorial, 2011. p. 41 e 53.

utilizando a expressão de Sabino Cassese, para um *mundo das redes transestatais*.⁴⁵

Segundo a hipótese levantada por Manuel Castells, as organizações hierárquicas prevaleceram sobre as organizações em forma de rede devido às limitações materiais destas últimas, que, sob condições determinadas, as tornam menos eficientes. Contudo, as organizações em rede dispõem de valiosas qualidades por serem flexíveis, adaptáveis e autorreconfiguráveis.⁴⁶

As redes são formadas por nós dispostos em um mesmo plano hierárquico. Tais nós representam os pontos em que os sistemas jurídicos se conectam uns com os outros, formando uma estrutura aberta que parece comportar infinitas ligações.⁴⁷

O emaranhado de subsistemas estabelecem relações em sentido tanto horizontal quanto vertical, que, às vezes, se colidem.⁴⁸ A racionalidade lógico-estrutural passa a não ser um elemento tão relevante; por isso, a professora Suzana Tavares da Silva afirma que já *não existe (nem tem de existir) uma relação hierárquica ou sequer normas expressas de resolução de conflitos*.⁴⁹

Conforme dito, a crescente necessidade de soluções técnicas estimulou a colaboração mútua dos Estados e, consequentemente, a criação de inúmeros órgãos e instituições de auxílio. O empoderamento dessas entidades somente foi possível através da cessão de poderes estatais de direção, gestão e controle.

Sabino Cassese alerta que um dos elementos responsáveis pela atual crise do Estado é exatamente a prática, sem precedentes, de delegação de poderes normativos pelos parlamentos. Nem todo o poder é cedido; uma parcela permanece conservada no parlamento enquanto outra é *atribuída a autoridades independentes*.⁵⁰

Esse é apenas um dos paradoxos da globalização, pois, de acordo com Anne-Marie Slaughter, ao mesmo tempo em que a presença efetiva

---

[45] CASSESE, Sabino. *A crise do Estado*. Tradução: Ilse Paschoal Moreira e Fernanda Landucci Ortale. Campinas: Saberes Editora, 2010. p. 44.

[46] CASTELLS, Manuel (Ed.). *La sociedad red*: una vision global. Tradução Francisco Munoz de Bustillo. 1. ed. 2. reimp. Madrid: Alianza Editorial, 2011. p. 29.

[47] OST, François; KERCHOVE, Michel van de. *De la pyramide au réseau? Pour une théorie dialectique du droit*. Bruxelles: Facultés universitaires Saint-Louis, 2002. p.24-25.

[48] SLAUGHTER, Anne-Marie. *A new world order*. New Jersey: Princeton University Press, 2004. p. 20.

[49] SILVA, Suzana Tavares da. *Um novo direito administrativo?* Coimbra: Imprensa da Universidade de Coimbra, 2010. p. 11.

[50] CASSESE, Sabino. *A crise do Estado*. Tradução: Ilse Paschoal Moreira e Fernanda Landucci Ortale. Campinas, SP: Saberes Editora, 2010. p. 33.

de governo em escalas regionais e globais se faz necessária, não se deseja a centralização do poder de decidir, nem mecanismos coercitivos distantes do controle das pessoas.[51]

A globalização não implica a criação de uma sociedade mundial liderada por forças políticas inter-estatais eleitas democraticamente. Segundo Gunther Teubner, o desenvolvimento dos setores sociais está ocorrendo de maneira desarticulada, independentemente da política e dos ordenamentos jurídicos nacionais, rumo à construção de *aldeias globais*.[52]

O professor Sabino Cassese é explícito ao declarar que o sistema mundial não possui um modelo político estável baseado em um documento constitucional, nem sequer uma instituição executiva e de direção política. Em termos jurídicos, constatam-se a pluralidade de sujeitos e organizações internacionais e a existência de normas esparsas.[53]

Tendo em conta tal contexto, Anne-Marie Slaughter interpreta a nova ordem mundial como um sistema de governança global que, a partir de ações cooperativas, seja capaz de solucionar os conflitos sociais, assegurando aos indivíduos melhores condições de vida, com o mínimo de dignidade.[54]

É interessante notar que a maioria das relações nessa sociedade mundial não se desenvolve de maneira orquestrada, sobretudo quando se refere a sistema normativo. Não há uma ordem jurídica supranacional coesa e harmônica na qual são discutidas, criadas e executadas as normas reguladoras das relações decorrentes dessa nova realidade.

No máximo, podemos encontrar na sociedade estatutos jurídicos e instituições especializadas em determinadas áreas, tais como comércio, internet, energia, transportes, etc., mas, ainda assim, não se pode afirmar que a mera junção desses fragmentos corresponde a um conjunto sistematizado de normas.

Há, inclusive, a construção de sistemas normativos de caráter eminentemente privado, isto é, concebido aquém dos parlamentos. O exemplo mais famoso é a *lex mercatória*, que evoluiu diretamente das práticas e costumes comerciais antepassados. Para Maria Rosaria

---

[51] SLAUGHTER, Anne-Marie. *A new world order*. New Jersey: Princeton University Press, 2004. p. 8.

[52] TEUBNER, Gunther. Global Bukowina: legal pluralism in the world society. In: TEUBNER, Gunther et al. (Ed.). *Global law without a state*. Dartmouth: Aldershot, 1997. p. 3.

[53] V. CASSESE, Sabino. *La globalización jurídica*. Tradução: Luis Ortega, Isaac Martín Delgado e Isabel Gallego Córcoles. Madri: Marcial Pons, 2006. p. 17.

[54] SLAUGHTER, Anne-Marie. *A new world order*. New Jersey: Princeton University Press, 2004. p. 15.

Ferrarese, isso somente fora possível porque as fronteiras dos mercados não coincidem com as dos Estados.[55] A inexistência de um governo mundial trouxe sérias implicações ao modelo jurídico tradicional. Uma das vigas-mestras desse sistema radica exatamente na coação, exercida em caso de descumprimento das normas. Acontece que o poder coator é de titularidade exclusiva do Estado; logo, onde não há governo, igualmente não será encontrada força impositiva. No plano internacional, é mais fácil perceber tal relação, uma vez que inexiste fórmula jurídica que impinja o cumprimento dos acordos internacionais.

Mesmo que haja instituições internacionais criadas pelos próprios Estados, o poder coator não estará presente. Segundo Anne-Marie Slaughter, em um sistema sem governo mundial, os funcionários supranacionais não têm poder de coação genuíno, pois não há meios de efetivar suas decisões.[56]

Aqui surge uma questão inevitável: como conceber um sistema jurídico capaz de assegurar a paz social com o mínimo de dignidade sem se valer da coação? Acreditamos que a solução deve, parafraseando Eugen Ehrlich, ser buscada na própria sociedade, pois o *centro de gravidade do desenvolvimento jurídico* sempre residiu nela, e não na atividade do Estado.[57]

2.5 Soft law

A nova realidade inspira a reinvenção de velhos instrumentos conhecidos. O mecanismo da *soft law* tem sido utilizado tanto pelos Estados, para fazer valer suas decisões políticas, quanto pelas organizações internacionais no intuito de instrumentalizar suas orientações.

Imerso numa sociedade contigente e plural, na qual as relações de poder não são mais tão óbvias, o modelo em rede materializa-se através da instituição de normas desprovidas de força coatora, pois não há um poder verdadeiramente soberano capaz de impô-las.[58]

---

[55] FERRARESE, Maria Rosaria. *Le istituzioni della globalizzazione Diritto e diritti nella società transnationale*. Bologna: Il Mulino, 2010. p. 57.

[56] SLAUGHTER, Anne-Marie. *A new world order*. New Jersey: Princeton University Press, 2004. p. 15.

[57] Apud TEUBNER, Gunther. Global Bukowina: legal pluralism in the world society. In: TEUBNER, Gunther et al. (Ed.). *Global law without a state*. Dartmouth: Aldershot, 1997. p. 4.

[58] V. RAMÍREZ-ESCUDERO, Daniel Sarmiento. *El soft law administrativo*: un studio de los efectos jurídicos de las normas no vinculantes de la Administración. Pamplona: Editorial Aranzadi SA, 2008. p. 50.

Sobre a definição do termo *soft law*, Maria Rosaria Ferrarese assevera que este significa "uma forma de direito que envolve certas obrigações ou compromissos, mas desacompanhados de sanções e que, apesar disso, ou talvez por causa disso, tem como objetivo alcançar efeitos práticos".[59] É oportuno salientar que parte da doutrina, sobretudo a mais tradicional, não reconhece a *soft law* como direito. A discordância reside no fato de esta doutrina entender que o direito se resume ao campo das normas dotadas de força coativa,[60] conforme preconiza a icônica obra de Hans Kelsen, intitulada *Teoria Pura do Direito*.[61]

Alheia às discussões doutrinárias, a *globalização jurídica* se dá por meio do direito estatal, ou seja, aquele proveniente direto dos parlamentos, bem como de instâncias paralelas aos Estados. Alguns estudiosos enxergam nesse movimento pendular uma tendência de privatização do direito, porquanto seu núcleo teria se deslocado da lei para os contratos particulares.[62]

O professor Gralf-Peter Calliess defende a existência de um terceiro nível jurídico – que se posicionaria além dos sistemas internos e do direito público internacional – criado pela sociedade civil global, com base em princípios gerais de direito e nos usos e costumes. A administração desse *direito transnacional*, conforme denomina o autor, não caberia ao Estado, mas às instituições privadas encarregadas de zelar pelas normas e dirimir eventuais disputas.[63]

A crítica mais recorrente às transformações estruturais na esfera política (descentralização, supranacionalidade e multiculturalismo) – por conseguinte, à própria *soft law* – consiste no déficit democrático que lhe é subjacente.[64] As recomendações, códigos, orientações e outros

---

[59] FERRARESE, Maria Rosaria. *La governance tra politica e diritto*. Bologna: Il Mulino, 2010. p. 36.

[60] V. ATIENZA, Manuel. Constitucionalismo, globalización y derecho. In: CARBONELL, Miguel; JARAMILLO, Leonardo García. *El canon neoconstitucional*. Madrid: Editorial Trotta, 2010. p. 12.

[61] KELSEN, Hans. *Teoria Pura do Direito*. Tradução: João Baptista Machado. 6. ed. São Paulo: Martins Fontes, 1998. p. 23.

[62] V. ATIENZA, Manuel. Constitucionalismo, globalización y derecho. In: CARBONELL, Miguel; JARAMILLO, Leonardo García. *El canon neoconstitucional*. Madrid: Editorial Trotta, 2010. p. 7-8.

[63] CALLIESS, Gralf-Peter. Reflexive transnational law the privatisation of civil law and the civilisation of private law. Frankfurt/Main. In: Zeitschrift für Rechtssoziologie 23 (2002), Heft 2, S. 185-216. P. 4.

[64] RAMÍREZ-ESCUDERO, Daniel Sarmiento. *El soft law administrativo*: un studio de los efectos jurídicos de las normas no vinculantes de la Administración. Pamplona: Editorial Aranzadi S.A., 2008. p. 49.

apetrechos com pretensões ordenadoras, geralmente relacionadas a órgãos técnicos especializados, contrariam a lógica iluminista segundo a qual as leis devem ser elaboradas por representantes eleitos pelo povo.

2.6 Diálogos constitucionais

Até o presente momento, vimos que a *globalização jurídica* se desenrola numa sociedade marcadamente plural e desprovida de governo central. E mais: que o ponto nevrálgico assenta-se na cooperação das partes, levada a cabo por meio de tratados, organizações internacionais e do mecanismo de *soft law*. Nesse cenário, torna-se imprescindível averiguar, ainda que em breves linhas, o comportamento das constituições diante dessas profundas transformações.

No primeiro momento, as constituições não tiveram uma participação central na concepção da nova (des)ordem jurídica em discussão. No entanto, o transcurso do tempo comprova que sistemas jurídicos isolados são cada vez mais raros, pois a nova estrutura em rede potencializa a interação entre eles e, consequentemente, entre suas cartas fundamentais de direitos e deveres.[65]

O professor José Joaquim Gomes Canotilho refere-se às relações de *concorrência, convergência, justaposição e conflitos de várias constituições e de vários poderes constituintes no mesmo-espaço político* como fenômeno da *interconstitucionalidade*.

Salvo raríssimas exceções, os textos constitucionais não estão preparados para conviver em uma estrutura planificada e entrelaçada em redes. Como muito bem destaca Suzana Tavares da Silva, a constituição fora inicialmente concebida para *agregar uma comunidade-nação sob um projecto político (e, para alguns, também social e económico) e não para resolver problemas de colisões entre ordenamentos jurídicos.*[66]

Como uma profecia que agora se cumpre, Rogério Ehrhardt Soares, em 1969, havia alertado sobre os perigos de o direito constitucional ignorar a evolução jurídica:

> Neste modo de sistematicamente fechar os olhos à realidade constitucional, o pensamento positivista conduz a uma hipostasiação das soluções constitucionais históricas, que se absolutizam na sua fisionomia formal como quadros de sentido intemporal completamente estranhos a valores.

---

[65] V. NEVES, Marcelo. *Transconstitucionalismo.* São Paulo: WMF Martins Fontes, 2009. p. 74.
[66] SILVA, Suzana Tavares da. *Direitos fundamentais na arena global.* Coimbra: Imprensa da Universidade de Coimbra, 2011. p. 13.

Fórmulas como Estado de Direito, Democracia, Separação de Poderes ficam assim imobilizadas, com o perigo de mais tarde se manifestarem incapazes de corresponder às alterações profundas da realidade constitucional. Donde pode surgir a tentação de as lançar pela borda fora como peças totalmente inúteis, criando-se a obrigação de forjar outras novas que as substituam.[67]

O fato é que, no sistema de redes, a Constituição não ostenta o mesmo *status* de redentora dos problemas sociais, mas nem por isso se justifica o abandono das conquistas sociais consagradas em seu texto. Há que se ter a sensatez dos homens sábios e reconhecer que o texto constitucional não contém respostas satisfatórias para importantes questões atuais, como degradação ambiental mundial, terrorismo internacional, regulação dos mercados financeiros e concorrência fiscal.

As colocações de Suzana Tavares da Silva sobre o futuro das constituições são deveras pertinentes. As cartas supremas encontram-se hoje numa encruzilhada, na qual podem escolher ficar à margem de todo o processo de transformação, assumindo os riscos advindos da inércia, ou rebaixarem-se do posto de lei suprema, tomando lugar na rede normativa ao lado das demais normas.[68]

2.7 Como administrar a rede?

Depois de examinados os aspectos mais importantes da nova (des)ordem jurídica, uma indagação em especial surge quase naturalmente: existe uma fórmula para administrar o aparente caos normativo?

A resposta imediata é negativa, uma vez que, ao menos por enquanto, não há um modelo definido. Contudo, nada não impede que o debate em torno do tema prossiga ativo e desafiador.

Ao discorrer sobre a nova ordem global, Anne-Marie Slaughter identifica cinco premissas esclarecedoras, que podem ser resumidas da seguinte maneira: (i) o Estado convive com novos atores no cenário global, mas, ainda assim, é o mais importante; (ii) não é o fim do Estado, todavia, mudou a maneira como ele interage no plano internacional; (iii) as instituições ainda representam interesses estatais; (iv) os Estados não abandonaram os métodos tradicionais de relações estrangeiras;

---

[67] SOARES, Rogério Ehrhardt. *Direito público e sociedade técnica*. 1. ed. Coimbra: Atlântida, 1969. p. 38-39.

[68] SILVA, Suzana Tavares da. *Direitos fundamentais na arena global*. Coimbra: Imprensa da Universidade de Coimbra, 2011. p. 13.

(v) há uma coexistência de redes de governanças, inclusive dentro de organizações internacionais.[69] A forma como todos esses pressupostos serão administrados dependerá do modelo de governança adotado. O alemão Wolfgang Hoffmann-Riem descreve com precisão o significado da *governance* no quadrante atual:

> A governance refere-se à concepção de "como" governar e administrar, e isto envolve a percepção da pluralidade de atores governamentais e privados. A estrutura do quadro de tomada de decisão, as formas de ação, bem como as múltiplas interdependências das diversas medidas e programas e, sobretudo, a grande complexidade dos problemas a serem resolvidos, a grande dimensão de incerteza e de múltiplas inter-relações e interdependências são tidos em conta, pois a exigência principal é uma solução de problemas de gestão das interdependências. A perspectiva da governance visa a integração de tantas facetas do problema quanto for possível e identifica as estruturas complexas de regulação muitas vezes relacionados a ele. O novo termo *"Regelungsstrukturen"* (estruturas de regulação) está relacionado com uma complexidade de programas legais normativos, organizações disponíveis, procedimentos pertinentes e, sobretudo, regras de decisão e incentivos, bem como a interação dos atores públicos e privados.[70]

A professora Alexandra Aragão esclarece que o termo *"governance"* fora empregado primeiramente em estudos sobre economia (*corporate governance*), direito internacional (*global governance*), direito administrativo (*good governance*) e direito constitucional (*democratic governance*).[71]

Tem-se uma bela ilustração no Livro Branco da Comissão das Comunidades Europeias, publicado em 2001, no qual se pretende promover os objetivos cruciais da UE por intermédio da *global governance*.[72]

---

[69] SLAUGHTER, Anne-Marie. *A new world order*. New Jersey: Princeton University Press, 2004. p. 18.

[70] HOFFMANN-RIEM, Wolfgang. The potential impact of social sciences on administrative law. In: RUFFERT, Matthias (Ed.). *The transformation of administrative law in Europe*. Munich: Sellier European Law Publishers, 2007. p. 216.

[71] Cumpre ressaltar que Alexandra Aragão propõe uma distinção entre as expressões governância e governança, preferindo à primeira (ARAGÃO, Alexandra. A governância na Constituição Europeia: uma oportunidade perdida? In: *Boletim da Faculdade de Direito*, número especial (84) de homenagem ao Prof. Lucas Pires. Coimbra: Coimbra Editora, 2005. p. 106).

[72] V. mais sobre o assunto em OST, François; KERCHOVE, Michel van de. *De la pyramide au réseau? Pour une théorie dialectique du droit*. Bruxelles: Facultés Universitaires Saint-Louis, 2002. p. 32.

Nesse livro, evidenciam-se a desconfiança e desinteresse dos cidadãos europeus nas instituições políticas supranacionais. A superação dos problemas identificados depende da abertura do processo de elaboração das políticas públicas a fim de reforçar a participação e a responsabilização. Mais adiante, o livro mencionado lista os cinco princípios básicos da boa governança: *abertura, participação, responsabilização, eficácia e coerência*.

A promoção da governança visa ao reforço da legitimidade ao invés do recrudescimento da autoridade. Isso porque o êxito dessa nova ordem jurídica depende necessariamente da adesão voluntária de pessoas, órgãos, instituições ou Estados sob sua jurisdição.[73]

Armin von Bogdandy e Philipp Dann propõem um modelo baseado no conceito de administração composta. Segundo eles, a administração composta desenvolve-se no ambiente internacional em que a pluralidade de autoridades jurídicas públicas interdependentes compartilha interesses comuns. Diferentemente dos Estados, tais autoridades não integram uma entidade política soberana.[74]

O referido conceito não tem a pretensão de tratar dos poderes, estruturas organizacionais ou da relação de normas legais. O seu objetivo é mais amplo; assim, concentra-se nas relações que visam à cooperação burocrática e à interação das instituições no exercício da autoridade pública.

Independentemente da nomenclatura ou formato escolhido, subsiste a certeza de que a cooperação é o veio central dos novos sistemas. Logo, o funcionamento satisfatório de qualquer modelo passa invariavelmente pelo diálogo e coordenação das ações dos Estados, organizações internacionais, órgãos administrativos e demais entidades.

Em virtude do estágio mais avançado de governança coletiva, podemos encontrar no âmbito judiciário da União Europeia vários casos de intercâmbio institucional nos quais os tribunais realmente "conversam" entre si. Como na oportunidade do julgamento do caso Berlusconi pelo Tribunal Constitucional Italiano (Ordinanza 165/2004),

---

[73] ARAGÃO, Alexandra. A governância na Constituição Europeia: uma oportunidade perdida? In: *Boletim da Faculdade de Direito*, número especial (84) de homenagem ao Prof. Lucas Pires. Coimbra: Coimbra Editora, 2005. p. 109-110.

[74] DANN, Philipp; BOGDANDY, Armin von. International composite administration: conceptualizing multi-level and network aspects in the exercise of international public authority. *German Law Journal*, v. 9, p. 2.013-2.039, 2008. p. 2.015-2.017.

cujo veredito saiu somente depois do pronunciamento do Tribunal de Justiça da União Europeia (Proc. C-403/02).[75] Nesse ambiente, os precedentes judiciais estrangeiros, por mais que levem em consideração particularidades locais e culturais de dada sociedade, tendem a se universalizar, produzindo efeitos além de suas fronteiras territoriais, visto que muitas decisões servirão como parâmetros interpretativos do direito, independentemente de sua vocação ao sistema romano-germânico ou *common law*.

A multiplicidade de diferentes regimes e a falta de coordenação entre eles, conjugadas à maior mobilidade de pessoas, mercadorias e capitais em escala global, conferem ao sujeito (pessoa física ou jurídica) a possibilidade de eleger o ordenamento jurídico que mais lhe apeteça.

A faculdade de escolher ordenamentos jurídicos nacionais diferentes de acordo com as preferências e interesses particulares é referida por Francisco J. Laporta como *"direito a la carte"*.[76]

Nas palavras de Sabino Cassese, as consequências desse *"shopping trip"* são:

> Induzir um confronto de leis, comportamentos dos poderes públicos e foros judiciais. Permitir aos sujeitos dotados de mobilidade servir-se de «produtos» mais convenientes, «adotando» um sistema nacional e maximizando, ao mesmo tempo, seu próprio interesse. Diminuir o papel dos territórios. Tornar as políticas dos Estados dependentes do juízo dos mercados. Constranger os reguladores nacionais a considerar as regras de outros países para não aumentar ou reduzir as vantagens ou desvantagens competitivas para as empresas que operam no mesmo mercado nacional, resultando em mais ou menos regras vinculativas, de acordo com o país.[77]

A globalização impõe desafios de tamanha magnitude aos Estados que alguns autores já questionam sua própria sobrevivência. Muitos temas são velhos problemas agravados em escala mundial, como os sistemas democráticos controlados por *lobbies* de grupos de pressão que não representam a vontade da maioria dos eleitores.[78]

---

[75] V. detalhes em SILVA, Suzana Tavares da. *Direitos fundamentais na arena global*. Coimbra: Imprensa da Universidade de Coimbra, 2011. p. 62.

[76] LAPORTA, Francisco J. *El imperio de la ley*: una visón actual. Madrid: Editorial Trotta S.A., 2007. p. 250.

[77] V. CASSESE, Sabino. *La globalización jurídica*. Tradução: Luis Ortega, Isaac Martín Delgado e Isabel Gallego Córcoles. Madri: Marcial Pons, 2006. p. 29.

[78] Gary S. Becker afirma que todos os indivíduos pertencem a grupos específicos (definidos por profissão, indústria, renda, geografia, idade, etc.), que são utilizados para exercer pressão política em busca da melhoria do bem-estar dos seus membros. O resultado da competição entre esses grupos é o equilíbrio dos impostos, subsídios e outros favores

Outras questões são realmente inéditas e singulares. Tomemos como exemplo a construção de um sistema jurídico em rede cujos alicerces foram erguidos a partir da cooperação.

Nesse cenário conturbado, o direito fiscal merece atenção particular, pois, salvo raríssimas exceções, os recursos financeiros que sustentam os Estados capitalistas provêm da arrecadação dos tributos. Por mais que respeitáveis juristas insistam em ignorar a lógica fria dos números, o fato é que não há como conceber direitos sem dinheiro público. O velho jargão ainda é válido: *os tributos correspondem ao preço da liberdade e da cidadania*.[79]

---

políticos. Partindo de tal premissa, o autor conclui que "um grupo que se torna mais eficiente na produção de pressão política seria capaz de reduzir os seus impostos ou aumentar os seus subsídios" (BECKER, Gary S. A theory of competition among pressure groups for political influence. *The Quarterly Journal of Economics*, v. 98, n. 3 (Aug. 1983). p. 371-400. p. 372. Disponível em: <http://www2.bren.ucsb.edu/~glibecap/BeckerQJE1983.pdf>. Acesso em: 08 mar. 2011). V. mais sobre grupos de pressão em BUCHANAN, James M.; TULLOCK, Gordon. *The calculus of consent*: logical foundations of constitutional democracy. Indianapolis: Liberty Fund. Inc., 1999. p. 260-271. Disponível em: <http://www.econlib.org/library/Buchanan/buchCv3c19.html>. Acesso em: 1 set. 2012; OLSON JR., Mancur. *The logic of collective action*: public goods and the theory of groups. Cambridge: Harvard. 1965. p. 132-167.

[79] Nesse sentido, v. NABAIS, José Casalta. *Por um Estado Fiscal suportável*: estudos de direito fiscal. Coimbra: Almedina, 2005. p. 27-29.

CAPÍTULO 3

O ESTADO FISCAL NO SÉCULO XXI

3.1 Noções sobre Estado Fiscal

Segundo dados divulgados no dia 24 de janeiro de 2012 pelo Banco Central do Brasil, os gastos dos brasileiros no exterior, em 2011, somaram R$37,3 bilhões de reais (US$21,2 bilhões de dólares). Esse valor foi 28% maior que o registrado em 2010, quando as despesas dos brasileiros em viagens internacionais alcançaram a marca de R$26,3 bilhões de reais (US$16,44 bilhões de dólares).

Uma explicação plausível ao crescente aumento dos gastos dos brasileiros no estrangeiro deve-se ao puro e simples desejo de consumir mais pagando menos. Para se chegar a tal conclusão, basta prestar atenção em atitudes corriqueiras. Nos destinos mais procurados (Miami e Orlando, nos Estados Unidos), o enxoval de bebê pode custar três vezes menos do que no Brasil. Em muitos casos, mesmo contabilizando os custos com passagens e hospedagens, os produtos vendidos no exterior são mais baratos do que os comercializados em território nacional.[80]

O dinheiro brasileiro não se destina apenas à aquisição de bens de consumo. De acordo com uma pesquisa realizada pelo sindicato dos corretores de Miami (*Miami Realty Association*), no ano de 2011, os

---

[80] Cf. notícia veiculada no portal *Terra*, adquirir um enxoval de bebê em Miami pode custar três vezes menos que comprá-lo no Brasil. Coletânea Editorial. Enxoval do bebê em Miami pode ser três vezes mais barato. Terra. São Paulo, 08 maio 2012. Disponível em: <http://vidaeestilo.terra.com.br/turismo/dia-das-maes/noticias/0,,OI5758264-EI20061,00-Enxoval+-do+bebe+em+Miami+pode+ser+tres+vezes+mais+barato.html>. Acesso em: 01 set. 2012.

brasileiros foram os estrangeiros que mais compraram imóveis acima de US$1 milhão de dólares naquela cidade.[81] A fuga de capitais nacionais, se assim podemos considerá-la, não é nenhuma novidade no meio empresarial internacional. No caso de Portugal, por exemplo, das 20 empresas cotadas no PSI20 (principal índice da bolsa portuguesa), ao menos 17 delas têm filiais na Holanda, todas sob a mesma justificativa de planeamento tributário.[82]

À primeira vista, os três exemplos descrevem cenas que hoje podem ser consideradas triviais e não repreensíveis do ponto de vista social. Afinal de contas, nos sistemas jurídicos que reconhecem o princípio da autonomia da vontade, cabe ao sujeito do direito decidir como melhor gerenciar seus recursos financeiros, desde que respeitados os limites legais.

Mas, por detrás dessas transações, escondem-se sérias ameaças ao Estado Fiscal contemporâneo e, consequentemente, ao modelo de socialidade europeu, consagrado como parâmetro para os Estados Ocidentais.

O professor José Casalta Nabais esclarece que o termo *Estado Fiscal* foi cunhado por Lorenz Von Stein e se tornou público durante a Primeira Guerra Mundial.[83] A expressão serve para distinguir as fontes de receitas características de cada tipo de Estado. Enquanto no *Estado Fiscal* os recursos financeiros são arrecadados principalmente através da cobrança de tributos, sobretudo de impostos,[84] nos *Estados-Produtores* o dinheiro provém da participação direta do poder público na atividade econômica ou, ainda, na exploração de recursos naturais.[85]

Como dois irmãos siameses, o Estado Fiscal e o Estado Social estão atrelados desde o nascimento. Ambos descendem dos pressupostos

---

[81] V. DE CHIARA, Márcia. Brasileiros lideram compra de imóveis caros em Miami. *Estado de S. Paulo*. São Paulo, 29 mar. 2012. Disponível em: <http://economia.estadao.com.br/noticias/economia,brasileiros-lideram-compra-de-imoveis-caros-em-miami,107938,0.htm>. Acesso em: 01 set. 2012.

[82] V. LUSA. Empresas portuguesas na Holanda não são casos de "dupla não tributação". *RTP Notícias*. Lisboa, 01 mar. 2012. Disponível em: <http://www.rtp.pt/noticias/index.php?article=531663&tm=6&layout=121&visual=49>. Acesso em: 01 set. 2012.

[83] NABAIS, José Casalta. *O dever fundamental de pagar impostos*: contributo para compreensão constitucional do Estado Fiscal contemporâneo. Coimbra: Almedina, 2009. p. 191.

[84] Nesse aspecto, cabe registrar o posicionamento de José Casalta Nabais, segundo o qual o Estado Fiscal assenta-se no *dever fundamental* de pagar impostos, restando excluídos, portanto, os demais tributos (In: *Ibidem*, p. 222.

[85] SANCHES, José Luís Saldanha. *Manual de direito fiscal*. Coimbra: Coimbra Editora, 2007. p. 23.

de soberania e monopólio do poder estatal, consolidados nos períodos seguintes às duas grandes guerras mundiais.[86]

A postura claramente intervencionista dos Estados nas áreas econômica e social fora inspirada diretamente pela obra do economista John Maynard Keynes, *General Theory of Employment, Interest and Money*, publicada em fevereiro de 1936.[87] Este livro consagra a chamada "revolução keynesiana" ao propor uma nova perspectiva sobre como a economia de mercado tende a restaurar os níveis de emprego após choques temporários.[88]

O vínculo entre Estado Social e Estado Fiscal ainda repercute com força na configuração política e jurídica, com reflexos nos textos constitucionais.[89] A influência é tão marcante que a economia e a socialidade não devem ser tratadas separadamente, sem considerar as interferências que exercem entre si. Ambas são partes do mesmo conjunto de ações destinadas a promover igualdade e redistribuição de renda, condições indispensáveis ao desenvolvimento sustentável de qualquer nação.[90]

O princípio da igualdade é o alicerce da ordem jurídica democrática. Segundo José Joaquim Gomes Canotilho e Vital Moreira, esse princípio desdobra-se em três *dimensões* distintas: a primeira seria a de caráter liberal, isto é, o princípio da igualdade encerra em si a ideia de que todas as pessoas merecem ser tratadas pelas leis de modo equivalente, não importando a posição que ocupam perante a sociedade; a segunda *dimensão* diz respeito aos pressupostos básicos da democracia, vedando discriminações positivas ou, mesmo, negativas na *participação do exercício do poder político* e no ingresso dos cargos públicos; por

---

[86] V. NABAIS, José Casalta; SILVA, Suzana Tavares da. O Estado pós-moderno e a figura dos tributos. *Revista de Legislação e Jurisprudência*, Coimbra, n. 3.965, p. 80-104, nov./dez. 2010. p. 81-82.

[87] V. KEYNES, John Maynard. *General theory of employment, interest and money*. London: Macmillan Press, 1936.

[88] O crescimento dos gastos públicos teve início na década de 30 do século XX, mas o grande impulso ocorreu no período entre 1960 e 1980. Nesse interregno, sustenta Vito Tanzi que a despesa pública com o *welfare state* esteve próximo a 50% do PIB em vários países europeus, como Alemanha, Áustria, Bélgica, Dinamarca, França, Irlanda, Itália, Países Baixos e Suécia (TANZI, Vito. *Impostos menores no futuro? A função econômica do estado no século XXI*. p. 7. Disponível em: <http://www.esaf.fazenda.gov.br/esafsite/CCB/program_2005/arquivos/FP/p4.4.pdf>. Acesso em: 23 out. 2012.

[89] As primeiras constituições que reconheceram os direitos sociais foram a do México, de 1917, e a da Alemanha, de 1919 (Constituição de Weimar). Também seguiram esse caminho a constituição italiana de 1947, a alemã de 1949, a portuguesa de 1976, a espanhola de 1978 e a brasileira de 1988. Vide MIRANDA, Jorge. *Manual de direito constitucional*. Tomo I. 6. ed. Coimbra: Coimbra Editora, 1997. p. 95.

[90] V. ESTEVAN, Juan Manuel Barquero. *La función del tributo en el Estado social y democrático de Derecho*. Madrid: Centro de Estúdios Políticos y Constitucionales, 2002. p. 19.

derradeiro, a *dimensão* social. Esta provavelmente seja a mais evidente na vida cotidiana, visto que seu conteúdo pretende eliminar as desigualdades econômicas, sociais e culturais para atingir a verdadeira isonomia entre os cidadãos.[91]

3.2 A reestruturação do Estado

Os anos 1980 foram marcados pelo que Vital Moreira se refere como "contra-revolução neoliberal", ou seja, um forte questionamento sobre os limites de atuação do Estado na ordem econômica.[92] Naquela década, o governo da primeira-ministra do Reino Unido, Margaret Thatcher, iniciou uma profunda reformulação do *Estado Social pós-guerra* visando à sua modernização e otimização dos gastos públicos. Na prática, as reformas administrativas culminaram na adoção do modelo de administração pública gerencial, bem como numa onda de privatizações das empresas públicas e a consequente abertura do mercado dos serviços de caráter eminentemente público à iniciativa privada.[93]

O Estado Social transformou-se em um Estado Garantidor. De acordo com a lição de José Joaquim Gomes Canotilho, o novo e polissêmico adjetivo pretende assinalar alterações estruturais na forma de prestar os serviços públicos, inferir reformas na própria administração e estabelecer uma ligação entre o conceito de *governance* e o direito.[94]

O Estado que antes prestava os serviços públicos diretamente aos administrados transfere à iniciativa privada a responsabilidade para fazê-lo. Contudo, mantém-se intocada atribuição primordial do Estado consistente na garantia do acesso universal a tais serviços.[95]

A mudança de paradigma econômico é acompanhada da alteração do modelo da socialidade.[96] O Estado continua a se preocupar com

---

[91] CANOTILHO, J. J. Gomes; MOREIRA, Vital. *Constituição da República Portuguesa anotada*. v. I. 4. ed. revista. Coimbra: Coimbra Editora, 2007. p. 336-337.

[92] MOREIRA, Vital. *Auto-regulação profissional e administração pública*. Coimbra: Almedina, 1997. p. 19.

[93] V. mais sobre o assunto em CASTELLS, Manuel (Ed.). *La sociedad red*: una vision global. Tradução Francisco Munoz de Bustillo. 1. ed. 2. reimp. Madrid: Alianza Editorial, 2011. p. 42-43.

[94] CANOTILHO, José Joaquim Gomes. O Estado Garantidor: claros-escuros de um conceito. In: AVELÃS NUNES, Antonio José; COUTINHO, Jacinto Nelson de Miranda (Orgs.). *O direito e o futuro*. O futuro do direito. Coimbra: Almedina. 2008, p. 571-576. p. 571.

[95] *Ibidem*, p. 573.

[96] SILVA, Suzana Tavares da. *Direitos fundamentais na arena global*. Coimbra: Imprensa da Universidade de Coimbra, 2011. p. 52.

os interesses dos cidadãos; a *forma* como ele vai intervir e os *instrumentos* que utilizará é que devem ser adequados à nova realidade. O poder estatal agora tem a missão de garantir que o ente privado execute tais serviços em conformidade com o interesse público. A realização dos serviços econômicos segundo a lógica do mercado deve, assim, ser equilibrada pela presença do Estado. O serviço pode não ser público, mas o interesse público relacionado à sua realização justifica a intervenção estatal. "O recuo do serviço público e da intervenção económica directa é compensado por um avanço, em concreto, o avanço do Estado Regulador e de Garantia."[97]

O Estado Social Regulador tem a função de disciplinar e supervisionar o mercado dos serviços públicos a fim de evitar uma concorrência prejudicial aos interesses dos consumidores. E, no caso de serem constatadas violações às regras preestabelecidas, esse mesmo Estado, agora na função de árbitro, deverá aplicar as sanções cabíveis.[98]

A reconfiguração do papel do Estado e a passagem para uma nova etapa não significam um retorno "ao liberalismo desregulado do século XIX: mantém-se presente um 'Estado socialmente activo' e comprometido com a regulação da sociedade".[99] Em termos gerais, a responsabilidade do Estado quanto à proteção dos direitos dos cidadãos ainda vigora. Sucede que, agora, a prestação dos serviços públicos poderá ser executada por empresas privadas, sob diretrizes impostas pelo próprio Estado.[100]

O Estado Regulador é marcado por um acentuado recurso a formas jurídico-privadas de organização e atuação administrativa.[101] No intuito de assegurar que os operadores respeitem a concorrência e cumpram as missões de serviço público que lhes são confiadas, o Estado

---

[97] GONÇALVES, Pedro. *Regulação, electricidade e telecomunicações – Estudos de direito administrativo da regulação*. Coimbra: Coimbra Editora, 2008. p. 11.

[98] Neste sentido v. SILVA, João Nuno Calvão da. *O Estado Regulador, as Autoridades Reguladoras Independentes*. Temas de Integração. Coimbra: Almedina, 2005. p. 177.

[99] GONÇALVES, Pedro. *Regulação, electricidade e telecomunicações – Estudos de direito administrativo da regulação*. Coimbra: Coimbra Editora, 2008. p. 11.

[100] Nesse sentido V. URBANO, Maria Benedita. Globalização: os direitos fundamentais sob stress. *In*: ANDRADE, Manuel da Costa; ANTUNES, Maria João; SOUSA, Susana Aires de (Org.). *Estudos em homenagem ao Prof. Doutor Jorge de Figueiredo Dias*. v. 3. Coimbra: Coimbra Editora, 2010. p. 1.023-1.048. p. 1.027; LOUREIRO, João Carlos. *Adeus ao estado social? A segurança social entre o crocodilo da economia e a medusa da ideologia dos "direitos adquiridos"*. Coimbra: Wolters Kluwer Coimbra Editor, 2010. p. 139 e 143.

[101] V. SILVA, João Nuno Calvão da. *O Estado Regulador, as autoridades reguladoras independentes*: temas de integração. Coimbra: Almedina, 2005. p. 173-208.

assume de vez o papel de vigilante do comportamento dos mercados e o faz, basicamente, a partir da instituição de modelos regulatórios.[102] O crescente movimento regulatório experimentado nos últimos anos é referido por alguns autores como desregulação, rerregulação ou neorregulação.[103] Esse fenômeno nada mais é do que a expansão sem precedentes do modelo regulatório que visa disciplinar, fiscalizar e, eventualmente, sancionar os agentes que exercem as atividades desestatizadas no intuito de resguardar os objetivos públicos.[104]

Tal prerrogativa pode ser entendida não como o poder de ditar normas, mas, sim, de utilizar todos os instrumentos normativos e executivos necessários à orientação do funcionamento dos mercados em regime de concorrência e à imposição de obrigações de serviço público aos operadores para que sua natural ânsia por benefícios seja compatível com as exigências do interesse geral.[105]

Não há unanimidade quanto ao conceito técnico de regulação; porém, podemos identificar um mínimo divisor comum a quase todas as definições. Regular pressuõe construir um sistema equilibrado utilizando normas.[106]

A principal finalidade da regulação é garantir a eficiência econômica na prestação privada dos serviços, pois tanto experiências teóricas quanto práticas comprovam que a atuação do mercado nem sempre garantirá a satisfação das necessidades fundamentais da sociedade.[107]

---

[102] MOREIRA, Vital. *Auto-regulação profissional e administração pública*. Coimbra: Almedina, 1997. p. 20.

[103] V. MOREIRA, Vital. *Auto-regulação profissional e administração pública*. Coimbra: Almedina, 1997. p. 178; FERREIRA, Eduardo Paz; MORAIS, Luís Silva. A regulação sectorial da economia – introdução e perspectiva geral. In: ANASTÁCIO, G.; FERREIRA, Eduardo Paz; MORAIS, Luís Silva (Orgs.). *Regulação em Portugal*: novos tempos, novo modelo? Coimbra: Almedina, 2009. p. 20; SILVA, Suzana Tavares da. *Direito administrativo dos transportes*. Cópia não publicada disponibilizada diretamente pela autora. p. 5.

[104] FERREIRA, Eduardo Paz; MORAIS, Luís Silva. A regulação sectorial da economia – introdução e perspectiva geral. In: ANASTÁCIO, G.; FERREIRA, Eduardo Paz; MORAIS, Luís Silva (Orgs.). *Regulação em Portugal*: novos tempos, novo modelo? Coimbra: Almedina, 2009. p. 20.

[105] MACHADO, Santiago Muñoz. Fundamentos e instrumentos jurídicos de la regulación económica. In: MUÑOZ MACHADO, Santiago; ESTEVE PRADO, José (Coord.). *Fundamentos e instituciones de la regulación*. Madrid: Iustel, 2009. p. 18.

[106] MOREIRA, Vital. *Auto-regulação profissional e administração pública*. Coimbra: Almedina, 1997. p. 34.

[107] DARNACULLETA I GARDELLA, M. Mercè. La recepción y desarrollo de los conceptos y fórmulas de la regulación. El debate en la República Federal Alemana. In: MUÑOZ MACHADO, Santiago; ESTEVE PRADO, José (Coord.). *Fundamentos e instituciones de la regulación*. Madrid: Iustel, 2009. p. 364.

3.3 A duradoura crise do Estado Fiscal

A crise dos sistemas fiscais mundo afora não deriva de uma causa exclusiva. São muitas as variáveis a serem consideradas, mas, talvez, a dimensão desta crise não fosse tão avassaladora caso desfrutássemos de uma visão menos "estadocentrista". Para muitos especialistas, o Estado é o único bastião dos ordenamentos jurídicos ou, como decreta o professor Sacha Calmon, "o Estado está como que no centro do universo jurídico".[108] Certamente que o Estado ocupa lugar de destaque na ordem jurídica; porém, não é mais o único a predizer ou criar o direito. Num ambiente hermeticamente cerrado, imune aos efeitos de políticas externas, a figura do Estado desponta soberana. Sucede que nenhuma nação subsiste isoladamente e, nesse panorama, a aplicação de velhas fórmulas não garante semelhante grau de sucesso de outrora.

Em tempos de globalização, o futuro dos Estados Fiscais está atrelado tanto ao plano das relações jurídicas internas e externas quanto à sua capacidade de interagir com os novos atores mundiais, tais como empresas, instituições internacionais e organizações não governamentais. Embora imprescindível, o Estado não está sozinho no foco das atenções.

A atual crise também pode ser creditada ao desequilíbrio prolongado da relação fraternal entre Estado Social e Estado Fiscal. A missão do primeiro é proporcionar acesso aos bens e serviços públicos a todos os cidadãos que deles necessitem, enquanto ao segundo cabe providenciar os recursos necessários ao financiamento da administração pública, de modo que cada cidadão contribua conforme sua capacidade econômica.[109]

O Estado Social ampliou significativamente as responsabilidades do setor público no instante em que reconheceu aos indivíduos direitos à educação, saúde, cultura, previdência, assistência social, entre tantas outras atribuições.[110] A consequência de uma estrutura pública

---

[108] COÊLHO, Sacha Calmon Navarro. *Curso de Direito Tributário Brasileiro*. Rio de Janeiro: Forense, 2004. p. 37.

[109] Um dos primeiros instrumentos a positivar tal regra foi a Declaração dos Direitos do Homem e do Cidadão, de 1789. O artigo 13 prescreve que: "Para a manutenção da força pública e para as despesas de administração é indispensável uma contribuição comum que deve ser dividida entre os cidadãos de acordo com suas possibilidades" (Declaração Universal dos Direitos do Homem e do Cidadão. Disponível em: <http://www.senat.fr/lng/pt/declaration_droits_homme.html>. Acesso em: 20 mar. 2011).

[110] O Estado Social europeu, vigente entre 1930 e 1980, assevera Gaspar Ariño Ortiz, tinha como objetivo proporcionar: "[...] *1) oferta de bienes tutelares, como educación, sanidad y vivenda; 2) garantia de rentas, como ocorre en lo relativo a las pensiones de jubilación, enfermedad,*

agigantada fatalmente resulta na elevação dos gastos públicos e na ineficiente execução das tarefas estatais.[111] Utilizando a expressão cunhada por Stephen Holmes e Cass Sunstein, *direitos custam dinheiro*. É preciso ter em mente que os recursos financeiros serão sempre limitados, especialmente nos períodos de baixo desenvolvimento econômico ou de recessão. Os direitos não podem ser protegidos ou aplicados sem financiamento e apoio públicos. Tanto o direito ao bem-estar como o direito à propriedade privada têm custos que necessariamente recaem sobre o tesouro estatal.[112]

Quanto maior a quantidade de direitos reconhecidos num sistema jurídico, mais recursos financeiros serão necessários para subsidiá-los. O ônus tributário será distribuído entre os integrantes da sociedade civil de modo que todos os contribuintes – titulares ou não de direitos – deverão suportá-lo.

Acontece que há tempos o Estado dá sinais claros de que não consegue resistir aos crescentes custos da socialidade, tampouco procrastinar os sucessivos déficits das contas públicas.

3.4 Novos rumos para o Estado Fiscal

Muitos serviços de interesse público, até então prestados diretamente pelo Estado e, consequentemente, financiados pela arrecadação dos tributos, são executados a partir de agora diretamente por particulares e financiados através de tarifas ou preços controlados pelo governo.

Antes das privatizações, o acesso dos cidadãos aos serviços públicos era garantido, ou melhor, custeado diretamente por dinheiro público, ainda que isso implicasse em déficit orçamentário. No regime de mercado, a lógica é bastante diferente, pois são inadimissíveis prejuízos prolongados. O lucro é elemento crucial à sobrevivência da atividade empresária.

As modificações introduzidas pela reestruturação dos serviços públicos afetam diretamente os métodos de formação do preço a ser

---

desempleo o família; 3) garantia de relaciones laborales, a través de regulaciones legislativas, actuaciones reglamentarias, e intermediaciones del más variado signo; y 4) garantia de médio ambiente" (ORTIZ, Gaspar Ariño. *Princípios de derecho público económico – modelo de estado, gestión pública, regulación económica.* Granada: Comares Editorial, 2001. p. 91).

[111] V. ARANOVICH, Rosa Maria de Campos. *O Estado Pós-Moderno da regulação econômica e a mutação de paradigmas conceituais tradicionais do direito público*: a experiência brasileira de agências de regulação. Tese de Doutorado. Disponível em: <http://www.lume.ufrgs.br/handle/10183/15502>. Acesso em: 07 abr. 2011.

[112] HOLMES, Stephen; SUNSTEIN, Cass R. *The cost of rights*: why liberty depends on taxes. New York: Norron & Company, 1999. p. 15.

pago pelo usuário. A maior dúvida consiste em saber como o Estado equacionará, de um lado, o acesso universal aos serviços públicos e, de outro, preços que assegurem a remuneração adequada desses serviços.

Há que se considerar que tributos sempre representam custos na produção de bens e serviços. Em certas ocasiões, devido à alta competitividade do mercado, o valor dos tributos pode não ser repassado a terceiros, reduzindo, assim, a margem de lucro da atividade produtiva. O mais comum, porém, é que o montante dos encargos tributários seja transferido integralmente ao contribuinte na composição do preço final.

Logo, a criação de novas contribuições, ainda que tenham as empresas como sujeitos passivos, tende a produzir grandes reflexos econômicos nos bolsos dos contribuintes de fato.

Nesse contexto, por mais que se relute, não há como fugir do questionamento formulado por José Casalta Nabais e Suzana Tavares da Silva: será que estamos presenciando uma duplicação do Estado Fiscal?[113]

Ao menos em teoria, a emergência do Estado Social Regulador deveria provocar o recuo do Estado Fiscal, uma vez que a maior justificativa para mudança de paradigma é o ganho de eficiência na prestação dos serviços de interesse público, com a diminuição dos custos e otimização dos gastos estatais.

Os dados compilados por Daniel J. Mitchell aparentemente corroboram essa tese. De acordo com o citado autor, nos países considerados desenvolvidos, a taxa mais alta do imposto de renda experimentou um decréscimo de 25 pontos percentuais desde 1980. No mesmo sentido, a alíquota do imposto incidente sobre as empresas caiu 20% em igual período.[114]

Em países do leste europeu e em algumas nações que compunham a extinta União Soviética, verifica-se um patamar menor de tributação devido à adoção do regime tributário conhecido como *flat tax*. A explicação relaciona-se tanto a fatores históricos como a uma estratégia clara de utilização da política fiscal como instrumento de estímulo ao crescimento econômico.[115]

---

[113] NABAIS, José Casalta; SILVA, Suzana Tavares da. O Estado pós-moderno e a figura dos tributos. *Revista de Legislação e Jurisprudência*, Coimbra, n. 3.965, p. 80-104, nov./dez. 2010. p. 103-104.

[114] MITCHELL, Daniel J. The global flat tax revolution cato policy report, July/August 2007 by *This op-ed originally appeared in The Washington Post on Thursday, December 22, 2005.* p. 4. Disponível em: <http://www.cato.org/pubs/policy_report/v29n4/cpr29n4-1.html>. Acesso em: 25 out. 2012.

[115] MITCHELL, Daniel J. The global flat tax revolution cato policy report, July/August 2007 by *This op-ed originally appeared in The Washington Post on Thursday, December 22, 2005.*

No caso específico do Brasil, a tendência de corte dos tributos não se confirmou na prática. Ao contrário, o Estado Fiscal brasileiro presenciou uma ampliação considerável de suas dimensões nas décadas de 1980 e 1990, alcançando uma relativa estabilidade nos anos 2000.[116] Não podemos nos esquecer de acrescentar à discussão em curso o impacto das transformações patrocinadas pela globalização, conforme detalhado na parte inicial deste trabalho.[117]

Enquanto os Estados tentam tributar os ganhos e rendimentos oriundos das atividades econômicas surgidas nas últimas décadas, muitos contribuintes têm aproveitado a integração econômica dos mercados, a redução dos custos com transportes e o desenvolvimento do setor de comunicações para diminuírem o valor dos tributos a recolher.

A matriz que serve de base para tributação é composta, basicamente, pelas riquezas oriundas da renda, das propriedades e do consumo dos contribuintes. Portanto, é praticamente inevitável que a circulação mais intensa de pessoas, produtos, serviços e capitais, assim como as crises financeiras em nível mundial, não interfira nas receitas públicas.

Veja-se o caso da revolução comercial impulsionada pela inovação da mercancia virtual. A consolidação da informática com os computadores de uso pessoal no início dos anos 1980 e a implementação da rede mundial de computadores – internet – nos anos 1990 transformaram para sempre as relações comerciais de compra e venda de produtos e a prestação de serviços.

Os próprios conceitos do que venham a ser mercadoria e serviço tiveram de ser revistos a partir do momento em que foi possível transacionar música, livros, mapas, fotografias, vídeos, prestação de serviços, tudo em formato digital e, o mais incrível, em qualquer parte do globo terrestre. O comércio eletrônico simplesmente desobstruiu os obstáculos físicos que impunham limites territoriais ao comércio.

De acordo com informações disponíveis no *site* www.e-commerce.org.br, estima-se que, somente no Brasil, o volume de vendas

---

p. 2. Disponível em: <http://www.cato.org/pubs/policy_report/v29n4/cpr29n4-1.html>. Acessado em: 25 out. 2012.

[116] V. os dados da Secretaria da Receita Federal do Brasil disponibilizados no relatório: Carga Tributária no Brasil 2010 - Análise por Tributos e Bases de Incidência. A carga tributária brasileira representou 33,14% do PIB em 2009 e 33,56% do PIB em 2010. Disponível em: <http://www.receita.fazenda.gov.br/Publico/estudoTributarios/estatisticas/CTB2010.pdf>. Acesso em: 25 nov. 2011.

[117] V. mais detalhes em SIQUEIRA, Marcelo Rodrigues de. Os desafios do Estado Fiscal contemporâneo. In: NABAIS, José Casalta; SILVA, Suzana Tavares da (Coords.). *Sustentabilidade fiscal em tempos de crise*. Coimbra: Almedina, 2011. p. 129-166.

pela internet, desconsiderando o comércio de automóveis, passagens aéreas e leilões *on-line*, de R$540 milhões de reais, em 2001, cresceu para R$18,70 bilhões de reais no ano de 2011.

A praticidade dos negócios *on-line* contrasta com as dificuldades da administração tributária em fiscalizar e controlar tais operações. Em alguns casos, as transações envolvem mercadorias virtuais, em formato digital; noutros, não há sequer comprovante físico do negócio jurídico realizado. Há, ainda, sociedades empresariais que têm vida somente no plano virtual, não dispondo de qualquer endereço físico.[118]

Todos esses empecilhos desafiam a adaptação do fisco aos tempos pós-modernos. Desde critérios para fixação da competência tributária até tradicionais ações de fiscalização do fluxo de mercadorias carecem de urgente reformulação, sob pena de vislumbrarmos prejuízos incalculáveis ao erário público.

O relatório da *Financial Action Task Force* (FATF), datado de 23 de fevereiro de 2007, denominado *Laundering the Proceeds of Vat Carousel Fraud*, ilustra os perigos de a administração fiscal não se atentar às transformações da sociedade.

Uma das fórmulas mais danosas de fraude fiscal no bloco da União Europeia ficou conhecida como *fraude carrossel*, que pressupõe a comercialização, bem como a circulação fictícia de bens entre cadeias produtivas artificiais dentro e fora dos limites da UE.

A sistemática descrita no relatório em comento pode ser resumida da seguinte forma: a empresa "A" (*conduit company*) vende bens – isentos de Imposto sobre Valor Agregado (IVA) – para a empresa "B" (*missing trader*), situada em outro Estado-Membro da UE. Em seguida, "B" revende o bem, acrescido dos valores dos respectivos custos, IVA e lucro, à empresa "C" (*broker*) do mesmo Estado-Membro. "B" recebe a quantia do IVA relativo à venda, não a repassa às autoridades fiscais e, depois, desaparece. Mais tarde, em uma operação isenta de IVA, "C" comercializa a mercadoria com uma empresa situada noutro Estado-Membro – podendo, inclusive ser a própria sociedade "A" – e requer ao seu Estado de origem a devolução dos créditos referentes ao recolhimento do IVA. O ciclo de operações pode ser repetido indefinidamente, daí a origem do apelido *fraude carrossel*.[119]

---

[118] V. TANZI, Vito. Globalization and the work of fiscal termites. International Monetary Fund (IMF); National Bureau of Economic Research (NBER). November 2000. IMF Working Paper No. 00/181. Disponível em: <http://www.imf.org/external/pubs/ft/fandd/2001/03/tanzi.htm>. Acesso em: 1 abr. 2012.

[119] V. também PALMA, Clotilde Celorico. IVA – A nova directiva e o regulamento para o combate à fraude nas transacções intracomunitárias. *Revista TOC*, Lisboa, n. 107, fev. 2009, p. 38.

Todos os anos, esse tipo de fraude causa um prejuízo bilionário aos países da UE, além de ameaçar a livre iniciativa com a distorção do comércio internacional. O relatório do FATF assinala que, apenas no ano de 2003, segundo estimativa do Escritório Nacional de Estatísticas do Reino Unido, a fraude carrossel causou prejuízos da ordem de 11 bilhões de libras.

Há que se ressaltar que a liberalização dos mercados internacionais, ocorrida na década de 1990, afetou os sistemas fiscais de praticamente todas as nações do planeta.

Na mesma época em que os mercados financeiros mundiais foram conectados, houve a diminuição (em alguns casos, a eliminação) de tarifas alfandegárias, juntamente com a redução dos entraves legais ao comércio internacional. Tais manobras foram responsáveis pela ampliação das fronteiras dos investimentos privados, bem como pela agressiva reestruturação dos processos produtivos de bens e serviços.

As sociedades empresariais perceberam na globalização a chance de obter vantagens concorrenciais através da desfragmentação da cadeia produtiva em várias etapas. Por meio do recurso conhecido como *outsourcing*, as empresas podem alocar suas unidades produtivas em sítios onde o nível de tributação seja mais favorável à relação custo-benefício.[120]

Não demorou muito para as organizações empresarias ampliarem as "vantagens" da estrutura societária diversificada. Na fronteira tênue que separa condutas lícitas das fraudes fiscais, encontram-se os *preços de transferência*. Em linhas gerais, estes representam os preços pelos quais uma empresa transfere bens materiais e/ou ativos incorpóreos ou presta serviços a empresas das quais participa, ainda que de forma mediata.[121]

Como bem esclarece José Luís Saldanha Sanches, os preços de transferência podem servir como *instrumento de transferência de lucros* entre empresas do mesmo grupo. Isso pode se dar de várias formas,

---

[120] V. mais sobre o assunto em TANZI, Vito. Globalization, tax competition and the future of tax systems. International Monetary Fund (IMF); National Bureau of Economic Research (NBER). 1996. IMF Working Paper No. 96/141. p. 7. Disponível em: <http://papers.ssrn.com/sol3/papers.cfm?abstract_id=883038>. Acesso em: 20 out. 2012.

[121] TANZI, Vito. Globalization, tax competition and the future of tax systems. International Monetary Fund (IMF); National Bureau of Economic Research (NBER). 1996. IMF Working Paper No. 96/141. p. 7-8. Disponível em: <http://papers.ssrn.com/sol3/papers.cfm?abstract_id=883038>. Acesso em: 20 out. 2012.

que vão desde equívocos na definição do preço da mercadoria à *intenção deliberada* de fraudar o fisco.¹²² Os ordenamentos jurídicos estão se mobilizando para combater as práticas ilegais de preços de transferência. Ao menos por enquanto, não há instrumentos eficientes que permitam ao fisco diferenciar precisamente uma operação que envolva manipulação de preços de outra perfeitamente compatível com as regras de mercado. As garantias dos contribuintes e a própria complexidade dos processos produtivos representam barreiras quase intransponíveis às administrações tributárias.¹²³

É nesse panorama preocupante que desponta a dificuldade do fisco em tributar bens e rendimentos altamente móveis. Para o contribuinte escapar da exação, basta transferir o objeto a ser tributado de um lugar para outro isento de impostos.

O crescente déficit orçamentário e a constante fuga da matéria coletável desencadearam uma verdadeira concorrência fiscal entre os Estados pelos investimentos da iniciativa privada.

Com o objetivo de se destacarem como centros atrativos de investimentos, muitos Estados promoveram a diminuição do patamar de tributação na expectativa de fomentar a atividade econômica em seu território e, posteriormente, elevar os níveis de arrecadação. Tal estratégia implica na redução de alíquotas dos tributos e concessão de benefícios fiscais, geralmente procedidos sem observância de critérios técnicos.

É oportuno salientar que a concorrência fiscal entre os Estados foi vista como benéfica por alguns autores. De acordo com as lições de José Casalta Nabais, Charles Tibeout, em 1956, defendeu a tese de que, em um cenário de livre locomoção dos fatores produtivos, a concorrência acabaria tornando os Estados mais eficientes em relação ao gasto público, pois teriam que reduzir o nível de tributação para se

---

¹²² SANCHES, José Luís Saldanha. *Os limites do planeamento fiscal*: substância e forma no direito fiscal português, comunitário e internacional. Coimbra: Coimbra Editora, 2006. p. 25.

¹²³ As operações que se utilizam dos preços de transferência são cada dia mais comuns no mercado. Elas já figuram entre as maiores preocupações das grandes empresas, conforme aponta a pesquisa realizada pela Ernst & Young, em 2010. Após entrevistar 877 empresas multinacionais, em 25 países, constatou-se que 50% dos diretores fiscais consideram os preços de transferência uma questão "muito importante" para a empresa (In: Global Transfer Pricing Survey Addressing the challenges of globalization. *Ernest & Young*. 2010. Disponível em: <http://www.ey.com/Publication/vwLUAssets/2010_Global_transfer_pricing_survey_low_res/$FILE/2010_Global_transfer_pricing_survey_lowres.pdf>. Acesso em: 10 abr. 2011). Na outra ponta, o Conselho da Organização de Cooperação e de Desenvolvimento Econômico (OCDE) também se mostra atento à manipulação da base tributável por meio do aumento ou diminuição dos preços. No ano de 1995, a entidade aprovou as primeiras "Orientações sobre Preços de Transferência para as Empresas Multinacionais e Administrações Tributárias", que, aliás, são constantemente atualizadas.

tornarem atrativos, sem descuidarem do fornecimento de bens e serviços. Deve-se registrar, entretanto, que essa teoria se limitou a considerar a concorrência somente ao nível interno dos países.[124]

Segundo André Elali, a tese de Tibeout foi bastante criticada por Peggy Musgrave e Richardo Musgrave. Para estes dois últimos autores, levando-se em conta os fatores de mobilidade (o capital, o investimento, o consumo e o trabalho), a concorrência fiscal não seria capaz de promover a eficiência econômica e responsabilidade dos governos quanto aos gastos públicos.[125]

O fato é que tanto os defensores quanto os críticos da concorrência fiscal concordam que tal estratégia provoca uma diminuição das receitas tributárias. Estas, em situações extremas, poderão até mesmo tender a zero (*race to the botom*).[126]

De fato, na batalha fiscal travada pelos Estados, alguns destes podem até se beneficiar por determinado tempo, presenciando uma elevação imediata da arrecadação tributária. Ocorre, porém, que o crescimento das receitas é algo insustentável no decorrer dos anos. Num ambiente em que um elevado número de países estabelece estreitas inter-relações, é quase impossível evitar que os efeitos negativos, advindos dos desequilíbrios das contas públicas, não sejam compartilhados por toda a comunidade global.

Observações empíricas corroboram a tese de que a concorrência fiscal produz mais efeitos nefastos do que benéficos aos sistemas fiscais. Segundo esclarece Gabriel Makhlouf, a *concorrência fiscal prejudicial distorce decisões de investimento, erode as bases tributárias e destrói a estabilidade fiscal, em termos de receita tributária (...)*.[127]

As bases tributárias são afetadas na medida em que as corporações multinacionais utilizam artimanhas e engenharias tributárias para iludir o fisco e escapar da tributação.

O resultado é que o Estado Fiscal tende a não tributar os contribuintes mais pobres, em virtude do princípio da isonomia,[128] nem

---

[124] NABAIS, José Casalta. *Por um Estado Fiscal suportável*: estudos de direito fiscal. Coimbra: Almedina, 2005. p. 203.

[125] ELALI, André. A crise financeira global sob a ótica da concorrência fiscal internacional. *Revista Direito GV*, São Paulo, v. 5, n. 2, p. 405-424, 2009.

[126] SANTOS, Antônio Carlos dos. Concorrência fiscal e competitividade: a never ending story. *Ciência e Técnica Fiscal*, n. 424, p. 7-27. Coimbra: Almedina, 2009.

[127] MAKHLOUF, Gabriel. Transparency in tax systems: keeping pace with the information age. Based on a speech to the IBC International Tax Forum, Milan, 28 October 1999. Intertax, Volume 28, Issue 2 Kluwer Law International, 2000. p. 65.

[128] SIQUEIRA, M. R., MOTA, R. G. A medida da desigualdade tributária. *Revista Argumentun* n. 13, ISSN 1677-809X. São Paulo: UNIMAR. 2012. p. 117- 144.

os mais abastados, visto que a matéria coletável está sendo transferida para nações onde a tributação é irrelevante. Logo, a concentração das cobranças de impostos recairá inevitavelmente sobre as classes trabalhadoras e empresariais intermediárias.

As pequenas e médias empresas formais, ou seja, aquelas que atuam dentro dos limites legais, bem como a classe assalariada, sobretudo funcionários públicos e trabalhadores com carteira assinada, já acusam o peso excessivo dos tributos e o arrocho na fiscalização promovido pelas administrações fazendárias.

No Estado Democrático de Direito, presume-se que a criação de um sistema tributário surge do consenso dos indivíduos, que se propõem a transferir parte de seus esforços produtivos ao ente público. O princípio do "*no taxation without representation*" significa que o sistema tributário deve corresponder a um pacto entre segmentos da sociedade representados pelo parlamento.

Acontece que, ao longo do tempo, as regras estabelecidas nesse pacto sofreram fortes influências decorrentes da reestruturação do Estado Social (agora também Regulador), bem como do desenvolvimento socioeconômico plasmado pela nova ordem global. A pressão dessas novas forças ocasionou rupturas expressivas nos sistemas tributários, e o embate entre elas pode ser considerado um dos principais responsáveis pelo desajuste do equilíbrio supostamente alcançado no consenso inicial.[129]

Esse desequilíbrio representa uma distribuição desigual e prejudicial da carga tributária entre os diversos setores da sociedade. A cada dia, o número de contribuintes que suportam o ônus fiscal diminui drasticamente e, em contrapartida, aumenta a demanda por dinheiro do Estado. No período recente de crises econômicas, as multinacionais e as instituições financeiras deixaram os debates ideológicos liberais de lado e foram os primeiros a rogar (e receber) ao Estado socorro financeiro.

Não resta dúvida quão importante é discutir os argumentos e críticas válidas aos sistemas fiscais dos Estados capitalistas. Contudo, os Estados não podem mais adiar a redefinição dos rumos a serem trilhados pelos sistemas fiscais, tampouco protelar a adoção de medidas efetivas de combate às suas mazelas, antes que seja tarde demais para fazê-las em tempos de paz.

---

[129] V. VIOL, Andréa Lemgruber; RODRIGUES, Jefferson José; PAES, Nelson Leitão. A progressividade no consumo tributação cumulativa e sobre o valor agregado. *Estudo Tributário 04 da Secretaria da Receita Federal do Brasil*. 2002. Disponível em: <http://www.receita.fazenda. gov.br/Publico/estudotributarios/estatisticas/16%20Progressividade%20no%20Consumo. pdf>. Acesso em: 08 mar. 2011.

Como nos dão notícia José Casalta Nabais e Suzana Tavares da Silva, a Alemanha introduziu em 2009 na sua Lei Fundamental, um limite para o déficit orçamentário, que começou a valer a partir de 2016.[130] Assim como esses autores, concordamos que tal medida servirá de alento às pressões fiscais. No entanto, os problemas do Estado Fiscal não se limitam à ordem jurídica interna. Eles também têm uma dimensão internacional; por isso, exigem providências igualmente transnacionais.

É válido lembrar que alguns atores não estatais da nova ordem jurídica global perceberam, há algum tempo, os problemas e precariedades comuns aos sistemas fiscais nacionais.

Providências estão sendo tomadas: algumas, em fase de implantação inicial; outras, mais avançadas. A partir da análise de três instrumentos distintos, cada um oriundo de uma entidade internacional diferente – Fundo Monetário Internacional, Organização para a Cooperação e Desenvolvimento Econômico e União Europeia –, pretende-se perceber as estratégias recomendadas aos Estados para superar a crise fiscal.

---

[130] NABAIS, José Casalta; SILVA, Suzana Tavares da. O Estado pós-moderno e a figura dos tributos. *Revista de Legislação e Jurisprudência*, Coimbra, n. 3.965, p. 80-104, nov./dez. 2010. p. 84.

CAPÍTULO 4

TRÊS PERSPECTIVAS, UMA REALIDADE

Embora o Código de Boas Práticas para a Transparência Fiscal, o relatório Concorrência Fiscal Prejudicial: Um Problema Global Emergente e o comunicado Promover a Boa Governação em Questões Fiscais apresentem características peculiares, os três são igualmente importantes porque revelam as perspectivas do FMI, OCDE e UE de uma mesma realidade fiscal vivenciada pelos Estados.

4.1 Código de Boas Práticas para a Transparência Fiscal

O FMI foi idealizado no final da Segunda Guerra Mundial, mais precisamente em julho de 1944, quando representantes de 45 nações se reuniram na cidade de Bretton Woods, nos Estados Unidos, para discutir o futuro da economia mundial pós-guerra. Uma das principais motivações para a criação de uma entidade econômica global era evitar uma nova crise econômica semelhante à ocorrida na década de 1930.

Segundo Graham Bird e Dane Rowlands, a conferência mencionada também pretendeu organizar a desordem econômica causada pela existência de inúmeras instituições financeiras internacionais naquela época.[131]

O FMI surgiu formalmente apenas no ano de 1945, com a assinatura de seu Acordo Constitutivo por 29 países-membros. O artigo primeiro do referido acordo prevê que os objetivos da entidade são:

---

[131] BIRD, Graham; ROWLANDS, Dane. Introduction. In: BIRD, Graham; ROWLANDS, Dane (Orgs.). *The international monetary fund and the world economy*. v. I. Cheltenham: Edward Elgar Publishing Inc., 2007. p. 13.

I - Promover a cooperação monetária internacional através de uma instituição permanente que forneça os mecanismos de consulta e colaboração em problemas monetários internacionais.

II - Para facilitar a expansão e o crescimento equilibrado do comércio internacional, e contribuir assim para a promoção e manutenção de elevados níveis de emprego e renda real e para o desenvolvimento dos recursos produtivos de todos os membros como objetivos principais da política econômica.

III - Para promover a estabilidade cambial, para manter arranjos de troca ordenada entre os membros, e para evitar a depreciação cambial competitiva.

IV - Para auxiliar no estabelecimento de um sistema multilateral de pagamentos em relação às transações correntes entre os membros e na eliminação de restrições cambiais que dificultam o crescimento do comércio mundial.

V - Para dar confiança aos membros, tornando os recursos gerais do Fundo temporariamente disponíveis para eles sob salvaguardas adequadas, proporcionando-lhes oportunidade de corrigir desajustes em sua balança de pagamentos sem recorrer a medidas destrutivas da prosperidade nacional ou internacional.

VI - De acordo com o acima, para encurtar a duração e diminuir o grau de desequilíbrio na balança de pagamentos internacionais dos membros.

Conforme se depreende da simples leitura das transcrições acima, o FMI foi concebido para agir tanto de maneira preventiva, instituindo mecanismos de auxílio e apoio aos Estados-Membros, como de modo interventivo, através da disponibilização de empréstimos de capital para sanar desequilíbrios dos orçamentos públicos.[132]

No exercício pleno de sua competência, o FMI editou em 1998 o Código de Boas Práticas para a Transparência Fiscal (Código do FMI) e o Manual de Transparência Fiscal (Manual do FMI), ambos destinados a orientar os Estados no trato das questões relativas à gestão das finanças públicas.[133] Nessa senda, o FMI também adotou um modelo de Relatório Nacional sobre Transparência Fiscal (ROSC), que serve para

---

[132] O acesso e utilização dos recursos financeiros dependem do cumprimento de uma série de exigências do órgão, conhecidas como condicionalidades. Além dos pagamentos dos juros e amortização do empréstimo, segundo Manuel Guitian, a liberação dos recursos *depende da adoção e busca de medidas de ajuste econômico que dão uma garantia de que o desequilíbrio será corrigido* (GUITIAN, Manuel. Conditionally: past, present, future. In: BIRD, Graham; ROWLANDS, Dane (Orgs.). *The international monetary fund and the world economy*. v. I. Cheltenham: Edward Elgar Publishing Inc., 2007. p. 795-796).

[133] O próprio FMI faz questão de assinalar que o "manual se abstém de fazer recomendações gerais de política fiscal, mas procura prestar orientação sobre como tornar determinadas atividades mais transparentes".

avaliar as atuais práticas dos países em relação às regras do Código e, eventualmente, sugerir uma agenda de reformas.

Embora haja uma inegável interrelação entre os três instrumentos, principalmente no que tange aos pressupostos da boa governança e *accountability*, cumpre salientar que será objeto de análise direta neste trabalho apenas o Código de Boas Práticas para a Transparência Fiscal. Após uma série de revisões das edições anteriores, o Código do FMI ganhou uma nova versão em 2007. Nele foram incorporadas iniciativas que resultaram da avaliação dos ROSCs, assim como das sugestões de autoridades nacionais, agências de desenvolvimento, pesquisadores, organizações não governamentais que atuam na área de transparência do orçamento e provenientes de consultas públicas.

Em linhas gerais, pode-se afirmar que o Código está estruturado sobre quatro princípios fundamentais, que, por sua vez, se desdobram em diversos sub-princípios, dentre os quais destacaremos os mais relevantes.

O princípio número um prescreve que os governos devem definir claramente os limites, funções e responsabilidades dos setores público e privado.

Nas palavras do referido Código:

> 1.1 O setor de governo deve ser distinguido do resto do setor público e do resto da economia e, dentro do setor público, as funções de política e de gestão devem ser bem definidas e divulgadas ao público.
>
> 1.2 A gestão das finanças públicas deve inscrever-se num quadro jurídico, regulatório e administrativo claro e aberto.

O segundo princípio consagra a importância dos orçamentos na gestão das finanças públicas dos Estados modernos. Logo, as recomendações possuem o objetivo claro de assegurar a lisura dos processos orçamentários.

O Código do FMI prescreve que:

> 2.1 A elaboração do orçamento deve seguir um cronograma pré-estabelecido e orientar-se por objetivos de política fiscal e macroeconômica bem definidos.
>
> 2.2 Devem ser instituídos procedimentos claros de execução, monitoramento e declaração de dados do orçamento.

O terceiro pilar assenta-se no acesso público à informação. Por esse motivo, o Código determina expressamente:

> 3.1 O público deve ser plenamente informado sobre as atividades fiscais passadas, presentes e programadas e sobre os principais riscos fiscais.

3.2 As informações fiscais devem ser apresentadas de uma forma que facilite a análise de política econômica e promova a responsabilização.
3.3 Deve-se assumir o compromisso de divulgar as informações fiscais tempestivamente.

O princípio quarto é consectário do anterior imediato, pois, mais que o acesso puro e simples à informação, é imprescindível que os dados fornecidos sejam íntegros e dignos de credibilidade. Nesse sentido, o Código do FMI determina que:

4.1 As informações fiscais devem satisfazer normas aceitas de qualidade de informações.
4.2 As atividades fiscais devem seguir procedimentos internos de supervisão e salvaguarda.
4.3 As informações fiscais devem ser objeto de escrutínio externo.

É interessante notar que a decisão de aplicar o referido Código e, consequentemente, submeter-se à avaliação das medidas adotadas é uma liberalidade de cada Estado, ou seja, não há qualquer instrumento jurídico de coação que os obriguem a incorporar e aplicar tais orientações ao seu ordenamento interno. É o Estado interessado que deverá requerer formalmente a avaliação de seu desempenho junto ao FMI.[134]

4.2 Concorrência Fiscal Prejudicial: Um Problema Global Emergente

Assim como o Fundo Monetário Internacional, a Organização para a Cooperação e Desenvolvimento Econômico surgiu após a Segunda Guerra Mundial. As origens dessa entidade remontam à Organização Europeia de Cooperação Econômica (OECE), criada em 1947, no intuito de colaborar para a reconstrução do continente europeu devastado pelos conflitos bélicos.

A OCDE nasceu oficialmente no dia 30 de setembro de 1961, com a entrada em vigor da Convenção celebrada em Paris, em 14 de dezembro de 1960, entre os membros da OECE, Canadá e Estados Unidos da América.[135]

---

[134] Segundo dados obtidos no endereço eletrônico do FMI, atualmente o módulo de transparência fiscal do ROSC fora aplicado em cerca de 90 países.

[135] Ver <http://www.oecd.org/about/history/>. Convenção da Organização para a Cooperação e Desenvolvimento Econômico. Disponível em: <http://www.oecd.org/general/conventiononthe organisationforeconomicco-operationanddevelopment.htm>. Acesso em: 31 jul. 2012.

Atualmente, 34 países[136] fazem parte da OCDE, sendo que a Comissão das Comunidades Europeias, em virtude do disposto no artigo 13º da citada Convenção, também participa dos trabalhos desenvolvidos naquele fórum.

Os objetivos da OCDE, nos termos do artigo primeiro da Convenção que a constituiu, consistem em:

- Para atingir o mais elevado crescimento econômico sustentável e o nivel de emprego e um aumento padrão de vida nos países membros, mantendo a estabilidade financeira, e, assim, contribuir para o desenvolvimento da economia mundial;
- Contribuir para a expansão económica dos membros, bem como dos países não-membros no processo de desenvolvimento econômico e
- Contribuir para a expansão do comércio mundial numa base multilateral, não discriminatória, em conformidade com as obrigações internacionais.

Dentre as inúmeras e relevantes publicações da OCDE, uma merece atenção especial, quer seja pela complexidade das questões abordadas, quer seja pelo impacto dela na vida cotidiana dos cidadãos de qualquer nacionalidade.

O relatório inicial, publicado ainda em 1998, foi batizado com o eloquente título: "Concorrência Fiscal Prejudicial: Um Problema Global Emergente". Esse trabalho é fruto do Comunicado Ministerial de 1996, no qual a OCDE se dispôs a enfrentar a concorrência fiscal prejudicial entre os Estados, bem como as distorções que tal prática causa tanto nas decisões de investimentos públicos e privados quanto diretamente nos sistemas fiscais nacionais.

O tema da concorrência fiscal alcançou tamanha relevância que o grupo dos sete países mais industrializados e desenvolvidos economicamente (G7)[137] fez questão de manifestar expressamente apoio à iniciativa da OCDE.

---

[136] Os países-membros originais da OCDE são: Alemanha, Áustria, Bélgica, Canadá, Dinamarca, França, Alemanha, Grécia, Islândia, Irlanda, Itália, Luxemburgo, Holanda, Noruega, Portugal, Espanha, Suécia, Suíça, Turquia, Reino Unido e os Estados Unidos.
Os seguintes países tornaram-se membros posteriormente, por adesão nas datas indicadas: Japão (28 de abril de 1964), Finlândia (28 de janeiro de 1969), Austrália (7 de junho de 1971), Nova Zelândia (29 de maio de 1973), México (18 de maio, 1994), República Checa (21 de dezembro de 1995), Hungria (07 de maio de 1996), Polónia (22 de novembro de 1996) e Coréia (12 de dezembro,1996) e República Eslovaca (14 de dezembro 2000). Disponível em: <http://www.oecd.org>.

[137] O G7 é composto por Estados Unidos, Japão, Alemanha, Reino Unido, França, Itália e Canadá, sendo posteriormente admitida a participação da Rússia.

O objetivo principal desse relatório é estudar e compreender detalhadamente o mecanismo de funcionamento dos regimes fiscais que afetam de forma negativa o orçamento de outros Estados quando estimulam a concorrência desleal por investimentos privados.

O trabalho da OCDE compõe-se de três partes: o primeiro capítulo está dedicado ao enquadramento do tema; o segundo estabelece os critérios para identificar os regimes fiscais prejudiciais; a última parte fica por conta de sugerir medidas objetivas de combate à concorrência fiscal danosa. Vejamos cada tópico separadamente.

O capítulo inicial, denominado "Concorrência Fiscal: Um Fenômeno Global", ressalta que os sistemas fiscais historicamente foram destinados a solucionar questões econômicas e sociais no âmbito doméstico, ou seja, dentro dos limites territoriais de cada Estado.

Segundo o modelo tradicional, a configuração de cada sistema fiscal (primazia dos impostos diretos ou indiretos, benefícios fiscais, nível de gasto público, entre outros aspectos) estava condicionada exclusivamente aos interesses internos de cada país, ainda que isso causasse efeitos colaterais aos sistemas fiscais de outras nações.

Ocorre que o processo de globalização facilitou e, por conseguinte, intensificou o fluxo de pessoas, bens e capitais. Dessa maneira, a matriz fiscal, isto é, os fatos jurídicos que servem de base para tributação (riquezas provenientes da renda, das propriedades e do consumo dos contribuintes) foram diretamente afetados. De certo modo, esse fenômeno mundial induziu a ampliação da base tributária, assim como a redução de tarifas e tributos, sobretudo daqueles incidentes sobre o fluxo de capitais e mercadorias.

A globalização também afetou as despesas públicas, obrigando os Estados a tratarem do tema de forma mais eficiente e transparente. Nota-se certa relação entre a estabilidade dos quadros jurídicos com a capacidade dos países de atraírem um volume maior de investimentos privados.

Nesse cenário, as figuras dos paraísos fiscais e dos regimes fiscais preferenciais prejudiciais ganham visibilidade. Um número expressivo de contribuintes (pessoas físicas ou jurídicas) passou a lançar mão de subterfúgios em operações internacionais no intuito de se beneficiarem de uma tributação baixíssima ou quase inexistente nesses sistemas e, consequentemente, evitar a tributação em seus países de origem.

O Relatório é claro ao afirmar que os paraísos fiscais e os regimes fiscais preferenciais prejudiciais têm o potencial de causar danos a outros Estados, uma vez que:

    a) causam distorções financeiras e, indiretamente, dos fluxos de investimento imobiliário;

b) prejudicam a integridade e a justiça dos sistemas fiscais;
c) desestimulam a observância das normas pelos contribuintes;
d) alteram o patamar desejado dos impostos e dos gastos públicos, bem como a razão entre eles;
e) acarretam a transferência de parte da carga tributária para as bases fiscais menos móveis, tais como propriedade, trabalho e consumo;
f) elevam os custos e encargos administrativos das autoridades fiscais e dos contribuintes.

No segundo capítulo, foram estabelecidos os "fatores para identificar os paraísos fiscais e os regimes fiscais preferenciais prejudiciais". Preliminarmente, a OCDE destaca a ausência de definição técnica precisa do que venha a ser considerado um "paraíso fiscal". Isso, porém, não representa um obstáculo intransponível à diferenciação dos países que possuem baixa tributação sobre os rendimentos daqueles que servem como abrigo às práticas de evasão fiscal.

De acordo com o relatório, as características principais dos paraísos fiscais consistem em:
a) tributação nula ou apenas nominal sobre os rendimentos auferidos;
b) inexistência de um sistema eficaz de intercâmbio de informações fiscais sobre contribuintes com jurisdições estrangeiras;
c) falta de transparência na atuação dos Poderes Legislativo, Judiciário e Executivo;
d) ausência de atividades produtivas relevantes.

Além dos elementos listados, existem fatores não fiscais que contribuem para a caracterização dos paraísos fiscais, tais como um quadro regulador pouco rígido e infraestrutura (comunicação, transporte, sistema bancário, etc.) que permite o desenvolvimento dos negócios.

Os regimes fiscais preferenciais prejudiciais, por sua vez, podem ser identificados através das seguintes peculiaridades:
a) tributação nula ou apenas nominal sobre os rendimentos auferidos;
b) prática de *"ring fencing"*, isto é, adoção de regime fiscal distinto e isolado, total ou parcialmente, do vigente no próprio mercado interno. Essa diferenciação pode se dar não se estendendo aos contribuintes pessoas físicas os benefícios advindos do regime fiscal diferenciado, bem como através da proibição das sociedades empresariais de operar no mercado doméstico;
c) falta de transparência na atuação dos Poderes Legislativo, Judiciário e Executivo;

d) inexistência de um sistema eficaz de intercâmbio de informações fiscais sobre contribuintes com jurisdições estrangeiras.

Por fim, o terceiro capítulo do relatório em comento apresenta uma série de propostas para a "luta contra a concorrência fiscal prejudicial". Em resumo, as medidas consistem em:

a) formular orientações a respeito dos regimes fiscais preferenciais prejudiciais;
b) criar um órgão subsidiário da Comissão que servirá como fórum competente para discussão das questões relacionadas à concorrência fiscal danosa;
c) listagem dos paraísos fiscais;
d) recomendações que vão desde o plano legislativo interno de cada país, passando pelos tratados fiscais, até as medidas para intensificação da cooperação internacional.

É importante salientar que o Comitê da OCDE reconhece expressamente que os problemas discutidos no relatório têm natureza eminentemente global. Daí a importância de todos os países, membros ou não, participarem das discussões acerca do tema.

O relatório ainda admite que medidas pontuais de cada nação podem contribuir no combate à concorrência fiscal danosa. Todavia, o documento enfatiza que a colaboração multilateral, sob a forma de ações coordenadas, é a estratégia mais eficaz para potencializar as soluções propostas.

Cumpre ressaltar que o referido relatório não pretende exaurir seu objeto, razão pela qual, de tempos em tempos, são editados novos documentos para acompanhar a evolução do tema.

Atualmente, podem ser encontrados três trabalhos subsequentes ao relatório de 1998.

O primeiro foi emitido em junho do ano 2000, com o título "Rumo à Cooperação Global Fiscal: Progresso na Identificação e Eliminação das Práticas Fiscais Prejudiciais" (conhecido por "Relatório 2000"). Nele foram identificados 47 regimes fiscais preferenciais potencialmente perigosos dentre países membros da OCDE. Foram ainda listadas 35 jurisdições que se satisfizeram os requisitos para classificá-las como paraísos fiscais.

Na mesma oportunidade, sugeriu-se um processo pelo qual os paraísos fiscais poderiam se comprometer a eliminar as práticas fiscais prejudiciais. Nesse caso, os aderentes adquiririam o *status* de "jurisdições comprometidas".

Ademais, o trabalho recomenda a ampliação de seu escopo com a associação de países não membros da OCDE, além de possíveis medidas defensivas coordenadas.

A segunda atualização, datada de 2001, introduziu mudanças significativas no conteúdo do relatório original (1998). Um dos critérios utilizados para identificação de um paraíso fiscal, conforme dito, é a ausência de atividade econômica produtiva substancial. No entanto, sob a justificativa de ser difícil a verificação de tal situação na prática, o Comitê da OCDE decidiu eliminar esse requisito. Com isso, os paraísos fiscais serão classificados como jurisdições não cooperantes apenas se descumprirem os compromissos relativos à transparência e efetiva colaboração quanto ao intercâmbio de informações.

Por questões de isonomia, o Comitê da OCDE concordou em aplicar, a um só tempo, medidas coordenadas de defesa tanto aos países-membros que possuem regime fiscal preferencial prejudicial como aos demais paraísos fiscais não membros da organização.

O relatório de 2001, no intuito de assegurar tempo hábil à implantação dos acordos firmados entre a OCDE e cada jurisdição envolvida, prorrogou a data inicial de vigência dos respectivos compromissos.

A atualização mais recente, publicada em 2004, não trouxe grandes inovações. O relatório prestou-se apenas a resumir o andamento dos trabalhos nos países comprometidos perante a OCDE com a cooperação fiscal.

4.3 Promover a Boa Governação em Questões Fiscais

A União Europeia representa hoje um conjunto econômico e político formado por 27 Estados-Membros independentes. Suas origens remontam à fundação da Comunidade Europeia do Carvão e do Aço, bem como da Comunidade Econômica Europeia ou Mercado Comum, ambas na década de 1950.

A atual configuração da União Europeia deve-se, sobretudo, ao Tratado de Maastricht, assinado em 7 de fevereiro de 1992, e ao Tratado de Lisboa, celebrado no dia 13 de dezembro de 2007.

Embora todos esses acordos internacionais tenham inúmeras pretensões comuns de natureza econômica, energética, ecológica, política e cultural, somente para citar algumas, fica claro que a criação da União Europeia foi inspirada pela premente necessidade de por fim às sucessivas guerras travadas entre seus países-membros.

Em termos estruturais, a UE está dividida em vários órgãos e instituições especializadas, dentre os quais se destacam o Conselho Europeu, o Parlamento Europeu, a Comissão Europeia, o Conselho da União Europeia, o Tribunal de Justiça da União Europeia e o Banco Central Europeu.

Tendo em consideração nossos propósitos, a Comunicação da Comissão Europeia ao Conselho e Parlamento Europeu, bem como ao Comitê Económico e Social Europeu, intitulada "Promover a Boa Governação em Questões Fiscais", mostra-se uma rica fonte de estudo. O referido comunicado não é muito extenso, visto que contém 15 páginas distribuídas em cinco capítulos.

Inicialmente, o documento destaca o cenário atual de crises econômicas e financeiras internacionais. Se, por um lado, o movimento da globalização promoveu uma maior integração econômica entre os mercados, impulsionada pela rápida mudança tecnológica e pela liberalização política, assim como proporcionou o aumento do rendimento da população, por outro, ameaça o equilíbrio dos orçamentos públicos, uma vez que fomentou a concorrência fiscal prejudicial entre os países.

A solução desse dilema, segundo aposta a UE, está no aumento da cooperação entre as administrações nacionais e na promoção de práticas de boa governança em questões fiscais.

O segundo capítulo dedica-se exclusivamente a listar as medidas consensuais que traduzem a boa governança: a primeira delas é a cooperação entre as administrações fiscais, o que, na prática, significa maior intercâmbio de informações e assistência mútua na cobrança dos tributos; a segunda providência é a instituição de instrumentos jurídicos, seguidos por acordos políticos, que permitam o combate da concorrência fiscal danosa, como, por exemplo, "Código de Conduta para a Tributação das Empresas". Há também a previsão de auxílios estatais a fim de contribuir para a eliminação das distorções causadas por regimes fiscais prejudiciais ostentados por Estados-Membros. Todas essas medidas devem ser complementadas por regras que assegurem a transparência na administração corporativa e financeira. Por último, o comunicado reconhece que muitos dos princípios adotados para incentivar a cooperação fiscal são os mesmos incorporados pela OCDE no combate à concorrência fiscal prejudicial.

O capítulo de número três resume a política internacional da UE sobre a boa governação na área fiscal, inclusive descrevendo uma série de medidas já postas em prática.

É oportuno ressaltar que, desde o encontro dos ministros das finanças europeus (ECOFIN), realizado em 14 de maio de 2008, há uma clara orientação para que sejam adicionadas aos acordos celebrados pela Comunidade e aos seus Estados-Membros com países terceiros disposições acerca da boa governação no domínio fiscal.

O penúltimo capítulo do comunicado preocupa-se em reforçar o princípio da boa governação fiscal no âmbito interno e externo da

UE. Para tanto, a Comissão convida o Conselho a adotar, o mais breve possível, nada menos do que 23 propostas específicas.

Dentre tantas recomendações, destacam-se a modificação, ou mesmo, a substituição de diretivas; colaboração entre os Poderes Judiciários dos países-membros da UE; prioridade política na resolução dos problemas de natureza fiscal; celebração de acordos internacionais para tratar exclusivamente de iniciativas fiscais; coordenação entre as políticas nacionais de combate às práticas abusivas; e coerência entre os princípios da boa governação e as políticas fiscais de cada Estado.

Por fim, no quinto e último capítulo, a Comissão ressalta ser imprescindível uma melhor coordenação das posições dos Estados-Membros da UE, da OCDE, do G20 e da ONU a respeito da boa governança fiscal na órbita internacional para enfrentar as dificuldades impostas pelos países que se recusam a cooperar nessa área.

A conclusão do comunicado é no sentido de que a crise econômica mundial aumentou as preocupações acerca da sustentabilidade dos sistemas fiscais em face da globalização. Contudo, o enfrentamento desse problema passa pelo incentivo da boa governança na área fiscal ao maior número de países possível, respeitando, obviamente, a soberania e os interesses legítimos de cada um. A Comissão ainda sublinha a suma importância que a cooperação multilateral e a coordenação têm na implementação das medidas efetivas de boa governança.

4.4 Uma visão consensual

Os três documentos examinados são unânimes em afirmar que a existência do Estado Fiscal depende da adoção urgente de medidas de boa governação, sejam essas no âmbito interno – relativas aos processos orçamentários – como recomenda o Código do FMI, sejam na esfera internacional – cooperação e coordenação entre as administrações fiscais – conforme sugerem o Relatório da OCDE e o Comunicado da UE.

A baixa tributação não é a única preocupação dos Estados. A ausência de intercâmbio de informações fiscais e bancárias, assim como a falta de cooperação entre algumas administrações fiscais, favorece práticas de evasão e beneficia atividades criminosas. Independentemente da origem lícita ou ilícita do capital, os paraísos fiscais conferem aos investimentos privados uma verdadeira blindagem contra as ações de persecução fiscal.

A concorrência prejudicial é hoje um dos maiores (senão o maior) desafio enfrentado pelo Estado Fiscal. Como será possível manter, ou mesmo, aumentar o volume das receitas públicas quando se diminui a tributação sobre os lucros e rendimentos em jurisdições estrangeiras?

Uma alternativa seria concentrar a arrecadação sobre o consumo de bens e serviços. Todavia, corre-se o risco de o encargo tributário não ser dividido proporcionalmente entre os setores da sociedade, fazendo com que os contribuintes de menor capacidade econômica sejam os mais penalizados. Há que se considerar, ainda, que a tributação desmedida sobre o consumo desestimula a atividade econômica, o que pode gerar um ciclo vicioso de recessão – quanto menor o consumo, mais impostos serão necessários e vice-versa.

O problema do equilíbrio das contas públicas, conforme visto, é comum a quase todos os Estados. O déficit financeiro pode ser atribuído à ampliação das responsabilidades estatais nas últimas décadas (aumento das despesas) em contraposição à constante fuga da matéria tributária coletável (diminuição das receitas) causada, principalmente, pela concorrência fiscal prejudicial entre os Estados.

De acordo com o conteúdo dos instrumentos examinados, pode se inferir que o FMI, a OCDE e a UE acreditem que a solução para delicada situação na área fiscal pressupõe invariavelmente atitudes comprometidas por partes dos Estados com a boa governança e a *accountability*.

É interessante salientar que a definição dessas orientações aos Estados não se baseia no modelo tradicional, caracterizado pela imposição da vontade do mais forte através de mecanismos de coerção. Hoje, os desafios transnacionais são discutidos de forma multilateral, inclusive com a participação dos vários atores envolvidos na construção de alternativas consensuais.

Seria imaturo acreditar que o processo decisório multilateral desfruta de condições simétricas, com a distribuição de poder de forma igualitária entre os todos os partícipes. Todavia, o paradigma da governança tem a virtude de reconhecer a força de novos atores globais e incluí-los no debate que formatará eventuais soluções.

Os instrumentos ora examinados não se tratam de iniciativas isoladas. A OCDE publicou diversos outros relatórios, tais como Melhores Práticas para Transparêcia Orçamentária (2002), Princípios de Governança Corporativa (2004), Modernização do Setor Público: Governo Aberto (2005), Diretrizes da OCDE Sobre Governança Corporativa para Empresas de Controle Estatal (2005).

No ano de 2002, uma campanha conduzida por organizações da sociedade civil, interessadas em discutir a questão da transparência no uso da receita proveniente dos recursos naturais, deu origem à Iniciativa de Transparência nas Indústrias Extrativas (EITI). Além disso, a cada dois anos, desde 2006, a Iniciativa do Orçamento Aberto (*Open Budget Initiative*) avalia se os governos disponibilizam ao público informações orçamentárias e oportunidades para participar no processo orçamentário ao nível nacional.

Na nova ordem jurídica disposta em redes, o sucesso ou fracasso das orientações emanadas dos órgãos de representação coletiva está intrinsicamente ligado à cooperação entre os seus destinatários. É por essa razão que tanto a OCDE quanto a UE são enfáticas quanto à imprescindibilidade de coordenação e cooperação entre as administrações nacionais na promoção de práticas de boa governança em questões fiscais.

Aos Estados, sobraram apenas duas alternativas: investir numa posição isolacionista e buscar sua autossustentabilidade ou levar a cooperação a sério e, assim, tentar ampliar sua sobrevida por meio da assistência mútua.

Do ponto de vista teórico, é possível escolher quaisquer caminhos, cada um com seus próprios desafios. A primeira opção, mais conservadora, pode ser implantada através de instrumentos jurídicos tradicionais, com destaque para o *império da lei*. A segunda alternativa apresenta dificuldades operacionais inerentes à coordenação de ações conjuntas. Aqui, o ponto crucial, no entanto, resume-se na construção de um instrumento jurídico capaz de promover a cooperação espontânea entre os Estados.

Se a ciência jurídica pretende construir um sistema normativo que estimule a cooperação, o primeiro passo é entender a razão – os motivos – que impulsiona atitudes colaborativas entre os indivíduos e, por conseguinte, entre suas instituições. Em suma, mostra-se imprescindível entender o que os fazem agir coletivamente ao invés de atuarem sozinhos.

Acreditamos que a teoria dos jogos possa ajudar a esclarecer os esquemas de tomada de decisão, assim como auxiliar na identificação das variáveis que induzem a preferência por ações cooperativas.

CAPÍTULO 5

O CONTRIBUTO DA TEORIA DOS JOGOS

5.1 Histórico

Antes de iniciarmos o excurso histórico sobre a evolução da teoria dos jogos, cumpre alertar que inexiste uma versão oficial definitiva. Entretanto, tal ausência não impede uma reconstrução do caminho percorrido por essa teoria nos últimos séculos, levando-se em conta fatos "aparentemente" isolados.

A matemática, talvez por sua maior afinidade, foi a primeira ciência que tentou compreender o fenômeno da racionalidade que supostamente está por trás das escolhas humanas e, consequentemente, traduzir em números e equações a lógica subjacente ao processo de tomada de decisão. O ramo da matemática aplicada responsável por tais estudos denominou o campo de análise como teoria dos jogos.

O ensaio precursor da teoria dos jogos remonta precisamente ao dia 13 de novembro de 1713. Nessa data, Pierre-Remond de Montmort escreveu uma carta endereçada a Nicolas Bernoulli, na qual tratou da solução proposta por James Waldegrave – mais tarde, conhecido como o primeiro Earl Waldegrave (1684-1741) – para uma versão do jogo de cartas de dois jogadores chamado *Le Her*. As considerações apresentadas por Waldegrave, todavia, não despertaram muito interesse dos cientistas na época.

Os artigos publicados pelo matemático francês Émile Borel (1871-1956), entre os anos de 1921 a 1927, também figuram entre os trabalhos primários da teoria dos jogos. No entanto, segundo Robert

W. Dimand e Mary Anne Dimand, tais artigos não têm ligação direta com o trabalho de Waldegrave, visto que Émile Borel o desconhecia.[138] No artigo publicado em 1924, denominado *Nos Jogos que Envolvem Acaso e a Habilidade dos Jogadores*, o autor francês observou que o estudo das estratégias dos jogadores e do acaso deve começar com cálculos de probabilidades das versões mais simples de jogos.[139]

Para Robert J. Leonard, os artigos escritos por Borel ao longo da década 1920 demonstraram que ele tratou com razoável sistematicidade os jogos simétricos de duas pessoas e soma zero.[140]

Contudo, um dos protagonistas centrais no estudo da teoria dos jogos certamente é o húngaro, radicado nos Estados Unidos, John Von Neumann. Todos os estudiosos do tema são unânimes em reconhecer seu notável talento matemático.

John Von Neumann publicou diversos artigos sobre a teoria dos jogos e, na companhia de Oskar Morgenstern, o célebre livro intitulado *Theory of Games and Economic Behavior*, sobre o qual trataremos mais tarde.

Num dos trabalhos realizados em 1928, o matemático húngaro demonstrou pela primeira vez o teorema minimax.[141] Segundo tal proposição, nos jogos de soma zero com dois jogadores, ambos poderiam verificar a perda máxima ocasionada por cada estratégia a ser adotada. Desse modo, os jogadores disporiam da prerrogativa de escolher, dentre as estratégias possíveis, aquela que minimizasse as perdas.[142]

Em 1928, em outra de suas publicações, John Von Neumann referiu-se ao trabalho de Émile Borel realizado no ano de 1924 e

---

[138] Tudo conforme DIMAND, Robert W.; DIMAND, Mary Anne. The early history of the theory of strategic games from Waldegrave to Borel. In: WEINTRAUB, E. Roy (Ed.). *Toward a history of game theory*. Annual Supplement to Volume 2. History of Political Economy. Durham and London: Duke University Press, 1992. p. 15-17.

[139] DIMAND, Robert W.; DIMAND, Mary Anne. The early history of the theory of strategic games from Waldegrave to Borel. In: WEINTRAUB, E. Roy (Ed.). *Toward a history of game theory*. Annual Supplement to Volume 2. History of Political Economy. Durham and London: Duke University Press, 1992. p. 21.

[140] LEONARD, Robert J. Creating a Context for Game Theory. In: WEINTRAUB, E. Roy (Ed.). *Toward a history of game theory*. Annual Supplement to Volume 2. History of Political Economy. Durham and London: Duke University Press, 1992. p. 33.

[141] V. DIMAND, Robert W.; DIMAND, Mary Anne. The early history of the theory of strategic games from Waldegrave to Borel. In: WEINTRAUB, E. Roy (Ed.). *Toward a history of game theory*. Annual Supplement to Volume 2. History of Political Economy. Durham and London: Duke University Press, 1992. p. 24.

[142] TÉLLEZ, Claudio A. *Teoria dos Jogos e relações internacionais*. p. 2. Disponível em: <http://pt.scribd.com/doc/4159964/Texto-08-Claudio-Tellez-Teoria-dos-jogos-e-relacoes-internacionais>. Acesso em: 17 set. 2012.

reconheceu que este autor conseguiu encontrar matematicamente a melhor estratégia para os jogos de duas pessoas de soma zero, ou seja, aqueles em que a vitória de um implica necessariamente a derrota do outro jogador na mesma proporção.[143]

A teoria dos jogos também fora impulsionada pela Segunda Guerra Mundial, em especial pelas pesquisas do Grupo de Avaliação de Operações, atrelado à Marinha americana, do Grupo de Pesquisa Estatística, ligado principalmente à Força Aérea dos EUA, e parte do Painel de Matemática Aplicada. Todas essas instituições tinham como objetivo empregar os conhecimentos matemáticos às batalhas.

Aliás, o último grupo deu origem ao Projeto RAND, que, no período pós-guerra, não só prosseguiu a investigação sobre estratégia militar, como expandiu o campo de análise da teoria dos jogos à computação, ao cálculo de juros, à programação linear, à decisão estatística, entre outras aplicações.[144]

E. Roy Weintraub lembra que a teoria dos jogos fora vista com descrédito pelos economistas nos idos dos anos de 1940, pois muitos acreditavam que ela não se tratava, de fato, de um ramo da economia. Apesar de toda a desconfiança, a teoria dos jogos no pós-guerra, de acordo com o mesmo autor, fora bem recebida pelas outras ciências sociais.[145]

No ano de 1944, fora publicado a obra seminal *Theory of Games and Economic Behavior*, de autoria conjunta de John Von Neumann e Oskar Morgenstern, aludida linhas atrás. Esse livro define as premissas centrais da teoria dos jogos a partir da estruturação formal dos jogos estratégicos. Além disso, delimita um conceito de utilidade e discute exaustivamente os jogos de soma zero.[146] Mais adiante, no próximo tópico, trataremos minuciosamente de tais elementos.

É interessante notar que o referido livro corresponde ao ponto de encontro de duas disciplinas científicas próximas, mas, ao mesmo tempo, muito distintas. John Von Neumann era graduado e

---

[143] LEONARD, Robert J. Creating a context for game theory. In: WEINTRAUB, E. Roy (Ed.). *Toward a history of game theory*. Annual Supplement to Volume 2. History of Political Economy. Durham and London: Duke University Press, 1992. p. 43.

[144] Ibidem. p. 60.

[145] WEINTRAUB, E. Roy. Toward a history of game theory. In: WEINTRAUB, E. Roy (Ed.). *Toward a history of game theory*. Annual Supplement to Volume 2. History of Political Economy. Durham and London: Duke University Press, 1992. p. 7-8.

[146] V. VON NEUMANN, John; MORGENSTERN, Oskar. *Theory of games and economic behavior*. 3. ed. Princeton: Princeton University Press, 1953.

pós-graduado em matemática, enquanto que Oskar Morgenstern era economista. Ambos imigrantes e professores em Princeton, Michigan. Em meados dos anos 1950, Santa Mônica, nos EUA, tornou-se o ponto de referência para os pesquisadores de Princeton e das demais instituições patrocinadas pelos militares que se dedicavam à teoria dos jogos. Na avaliação de Robert J. Leonard, aquela década presenciou a "estabilização" da teoria dos jogos devido às relações estabelecidas com outras áreas da matemática, tais como a programação linear e a estatística.[147]

Outro personagem importantíssimo na cronologia da teoria dos jogos é o matemático norte-americano John Nash. Em 1951, ele introduziu o conceito de solução para uma classe de jogos de soma diferente de zero e não cooperativos. O "equilíbrio de Nash", como ficou conhecido, cresceu em importância na economia a tal ponto que hoje serve de base para quase todo trabalho sobre os refinamentos de conceitos de equilíbrio.[148]

Segundo Eric Rasmusen, os artigos de Nash publicados em 1950 e 1951, juntamente com o desenvolvimento do "Dilema do Prisioneiro" por Albert W. Tucker, definiram as fundações da teoria moderna dos jogos não cooperativos. Os trabalhos de John Nash contribuíram ainda para a evolução da teoria dos jogos cooperativos e de barganha.[149]

O exemplo mais famoso da teoria dos jogos – Dilema do Prisioneiro – basicamente é um jogo onde há dois jogadores, tendo cada um apenas duas opções: cooperar ou desertar. Cada jogador deve fazer sua escolha sem ter conhecimento da ação do outro. A deserção isolada de um jogador produz a maior recompensa, superior, inclusive, se ambos tivessem cooperado. Acontece que se os dois desertarem, os prejuízos são maiores do que se tivessem colaborado um com outro. O dilema, portanto, consiste em cooperar ou assumir os riscos de uma atitude egoísta a fim de alcançar os melhores resultados.[150]

---

[147] LEONARD, Robert J. Creating a context for game theory. In: WEINTRAUB, E. Roy (Ed.). *Toward a history of game theory*. Annual Supplement to Volume 2. History of Political Economy. Durham and London: Duke University Press, 1992. p. 68-69.

[148] MIROWSKI, Philip. What were von Neumann and Morgenstern trying to accomplish? In: WEINTRAUB, E. Roy (Ed.). *Toward a history of game theory*. Annual Supplement to Volume 2. History of Political Economy. Durham and London: Duke University Press, 1992. p. 115-116.

[149] RASMUSEN, Eric. *Games and information, an introduction to game theory*. 4. ed. Oxorfd: Blackwell Publishing Ltd., 2007. p. 1-2.

[150] V. maiores detalhes em AXELROD, Robert. *The evolution of cooperation*. New York: Basic Books, 2006. p. 7-8.

Mais adiante, em 1957, Luce e Raiffa publicaram o livro *Jogos e Decisões*.[151] William H. Riker atribui a essa obra valor especial, haja vista que seu conteúdo contém explicações para os jogos cooperativos de duas pessoas e de soma zero, bem como a descrição de uma série de jogos de duas pessoas não cooperativos e de soma diferente de zero, como o Dilema do Prisioneiro.[152]

Em suma, os fatos conhecidos até agora comprovam que o surgimento da teoria dos jogos, em termos históricos, pode ser considerado recente.

Uma pesquisa, ainda que breve, é suficiente para revelar a existência de inúmeros livros sobre o tema. A quantidade crescente de publicações, sob as mais diferentes perspectivas, indica que a teoria está em pleno desenvolvimento. Há tantas contribuições dignas de nota, tais como *The Evolution of Cooperation*, de Robert Axelrod; *Evolution and the Theory of Games*, de John Maynard Smith; *The Strategy of Conflict*, de Thomas C. Schelling; como também há variações da aplicação dos princípios da teoria dos jogos.

5.2 Estrutura básica da teoria dos jogos

À medida que aprofundamos nos estudos da teoria dos jogos, percebemos o quanto é desafiador e complexo tentar compreender as razões que movem as atitudes humanas.

Somente foi possível traduzir a lógica dessas ações em números quando os matemáticos assumiram determinados pressupostos como válidos e universais, ou seja, inerentes a todo ser humano dotado de pensamento racional.[153]

Os elementos básicos do jogo são: (i) os jogadores (os atores que tomam as decisões – pessoas ou instituições); (ii) campo da estratégia (a gama de movimentos disponível para o jogador em determinada situação – cooperar ou desertar); e (iii) os pagamentos (utilidades) (o resultado gerado para os jogadores mediante a estratégia adotada). Nesse quadro, a teoria dos jogos tem como objetivo fundamental encontrar a solução matemática que traduza a melhor estratégia para os

---

[151] V. LUCE, R. Duncan; RAIFFA Howard. *Games and decisions*: introduction and critical survey. New York: Wiley, 1957.

[152] RIKER, William H. The entry of game theory into political science. In: WEINTRAUB, E. Roy (Ed.). *Toward a history of game theory*. Annual Supplement to Volume 2. History of Political Economy. Durham and London: Duke University Press, 1992. p. 216.

[153] V. VON NEUMANN, John; MORGENSTERN, Oskar. *Theory of games and economic behavior*. 3. ed. Princeton: Princeton University Press, 1953. p. 77.

jogadores (que a escolhe livremente), isto é, aquela que lhes proporcionará maiores ganhos.

O termo "estratégia", empregado aqui, refere-se a situações cujo resultado não depende unicamente do comportamento daquele indivíduo ou instituição que toma as decisões ou, simplesmente, de condições da natureza, mas também é influenciado pelo comportamento de outros participantes.[154]

Tanto o nível de informação quanto a frequência em que ocorrem as partidas são capazes de interferir na escolha da estratégia e, consequentemente, no resultado do jogo. Há uma tendência natural de o jogador mudar de comportamento caso possua ou não conhecimento da estratégia do outro participante. A repetição dos jogos, por sua vez, pode incutir nos jogadores uma preocupação com interações futuras. A mera expectativa de perpetuação das relações basta para afetar o pensamento racional, sobretudo nas hipóteses de jogos que implicam em cooperação.[155]

Para Shaun P. Hargreaves Heap e Yanis Varoufakis, uma estratégia é considerada dominada quando não for a melhor resposta, independentemente da estratégia escolhida pelo adversário. Por outro lado, uma estratégia é dominante caso se mostre a melhor, isto é, aquela que maximiza a utilidade, seja qual for a estratégia oposta.[156]

O conceito de jogo também assume um significado especial. Este deve ser entendido como qualquer interação entre agentes regida por um conjunto de regras, que especificam as alternativas possíveis para cada participante, e apresente uma gama de resultados para cada combinação possível de movimentos.[157]

Na parte inicial do livro *Theory of Games and Economic Behavior*, John Von Neumann e Oskar Morgenstern reconhecem a dificuldade de se elaborar uma teoria que resuma a lógica dos processos decisórios. Por isso, os dois autores optam por começar a investigação a partir de problemas mais simples, ou seja, jogos não cooperativos de soma zero com apenas dois jogadores.[158]

---

[154] HIRSCH, Moshe. Game theory, international law, and future environmental cooperation in the Middle East. *Denver Journal of International Law and Policy*, v. 27, n. 1, set. 1998. p. 75.

[155] BAIRD, Douglas G.; GERTNER, Robert H.; PICKER, Randal C. *Game theory and the law*. Cambridge: Harvard University Press, 1998. p. 79 e 159.

[156] HEAP, Shaun P. Hargreaves; VAROUFAKIS, Yanis. *Game theory*: a critical introduction. Londres: Routledge, 2003. p. 44.

[157] V. VON NEUMANN, John; MORGENSTERN, Oskar. *Theory of games and economic behavior*. 3. ed. Princeton: Princeton University Press, 1953. p. 49.

[158] *Ibidem*, p. 7.

Outro obstáculo encontrado por eles consiste em descrever adequadamente os motivos que inspiram a ação dos indivíduos. Para superá-lo, os autores assumem como verdadeira a premissa de que o consumidor deseja obter o máximo de utilidade ou satisfação, enquanto o empreendedor, o máximo de lucros.[159] A teoria dos jogos assenta-se no pressuposto de que os jogadores são racionais. No entanto, o vocábulo "racional", na expressão utilizada por R. Duncan Luce e Howard Raiffa, "está longe de ser preciso e certamente significa coisas distintas em que as diferentes teorias têm sido desenvolvidas". A suposição de racionalidade considera que os jogadores tenham uma percepção integral das características dos outros participantes, das regras e das situações mais complexas, o que não se confirma facilmente em experiências práticas.[160]

Em que pese todos os obstáculos enfrentados pelos pioneiros da teoria dos jogos, a simplificação dos mecanismos de tomada de decisão tornou possível a formatação de diferentes modelos teóricos, inclusive relativos a esquemas bastante intrincados. Não resta dúvida de que isso influenciou decisivamente na expansão da teoria, uma vez que tornou viável sua aplicação nas mais diversas áreas do conhecimento.

5.3 Cruzando as fronteiras da matemática

Desde o surgimento da teoria em estudo, vários tipos de jogo foram transpostos para modelos matemáticos. Não há uma classificação estrita, mas, de acordo com as características peculiares de cada jogo, podemos agrupá-los em diferentes segmentos.

Os jogos simétricos levam em consideração apenas a estratégia eleita, indiferentemente do jogador. As representações dos jogos da galinha, do Dilema do Prisioneiro e da caça ao veado são todas simétricas. De outro modo, os jogos assimétricos focam nos grupos de estratégias diferentes para cada jogador.

Nos jogos de soma zero, o benefício de um participante significa prejuízo para os demais; por isso, a soma dos resultados ao final da partida sempre será nula ou zero. Muitos jogos clássicos de tabuleiro são de soma zero, inclusive o Go e o Xadrez. Já no caso dos jogos de

---

[159] VON NEUMANN, John; MORGENSTERN, Oskar. *Theory of games and economic behavior*. 3. ed. Princeton: Princeton University Press, 1953. p. 8.

[160] LUCE, R. Duncan; RAIFFA, Howard. *Games and decisions*: introduction and critical survey. New York: Wiley, 1957. p. 5.

soma diferente de zero, como o Dilema do Prisioneiro, os resultados combinados sempre serão maiores ou inferiores a zero.

Há também jogos em que a informação pode ser perfeita ou imperfeita. No primeiro caso, todos os jogadores conhecem os movimentos prévios realizados pelos demais participantes. Os mais comuns, porém, são os jogos nos quais a informação é imperfeita, isto é, os jogadores somente conhecerão a ação dos outros partícipes no momento da jogada. Uma das características mais relevantes diz respeito à diferença existente entre jogos cooperativos e não cooperativos.

Os jogos cooperativos estão intimamente ligados aos de soma diferente de zero, pois somente neles os agentes são livres para jogarem sozinhos ou formarem coalizões em busca de melhores resultados. Nos jogos de soma zero, não há espaço para cooperação em qualquer sentido, pois as possibilidades de conformação de estratégias são reduzidas. Desta forma, o benefício de um jogador implica necessariamente a perda do outro.[161]

Vale relembrar que a simplificação de esquemas de tomada de decisão, sobretudo os modelos de jogos cooperativos e não cooperativos, foi responsável pela "popularização" (se assim podemos dizer) da teoria dos jogos. No primeiro momento, a teoria dos jogos permaneceu confinada aos limites da ciência matemática. Atualmente, porém, ela tem sido empregada numa ampla área de conhecimento como importante ferramenta de estudo de eventos tanto naturais quanto sociais.

A economia utiliza os modelos matemáticos no estudo dos leilões, barganhas, oligopólios, formação de redes sociais e sistemas de votação. A biologia adaptou a teoria da utilidade para examinar o equilíbrio das forças evolucionárias, com o desenvolvimento do conceito de estratégia evolucionária estável por John Maynard Smith.[162] A ciência da computação, por sua vez, desenvolve programas a partir de sistemas lógicos. As ciências sociais tentam compreender os fenômenos das escolhas públicas, negociações, relações internacionais, entre outros tantos, através da aplicação da teoria em discussão.

---

[161] MCCAIN, Roger A. Cooperative games and cooperative organizations. Drexel University, Philadelphia. Disponível em: http://faculty.lebow.drexel.edu/mccainr/top/personal/ncoopcoop.pdf. Acesso em: 12 set. 2012. p. 2-3.

[162] Na primeira página de um de seus livros John Maynard Smith afirma que a *teoria dos jogos evolutiva é uma maneira de pensar sobre a evolução ao nível fenotípico quando as aptidões de fenótipos específicos dependem das suas frequências na população*. V. SMITH, John Maynard. Evolution and the theory of games. Cambridge: Press Syndicate of the University of Cambridge, 1982. p.1.

De posse de tantos conceitos e tendo em conta os propósitos deste trabalho, concentraremos esforços na análise detalhada da cooperação e, o mais importante, numa eventual fórmula capaz de estimulá-la.

5.4 Cooperação

Ao longo dos anos, foram identificadas inúmeras formas de cooperação, sendo impossível avaliar todas elas. Tentaremos, ao menos neste primeiro instante, construir uma visão ampla do que venha a ser cooperação.

Em termos gerais, cooperação significa simplesmente trabalhar em conjunto ou ajudar outrem (pessoa ou instituição) a cumprir determinado objetivo. A cooperação está na gênese de qualquer sistema social verdadeiro, pois ela é a força motriz que impulsiona a ação em conjunto. Onde não existe colaboração entre indivíduos, ainda que de maneira forçada, não se pode falar em grupo. Nessa hipótese, no máximo, poderá ser encontrado um amontoado de seres que compartilham de características semelhantes.

No caso específico da civilização humana, Thomas Hobbes defendeu na obra *O Leviatã* que os homens somente superaram o estágio de caos das sociedades primárias, nas quais perseverava o clima de *guerra de todos contra todos*, no momento em que deixaram de agir sozinhos e resolveram colaborar uns com os outros. Tal pacto teria sido firmado, como aponta o autor, por meio de um contrato social.[163]

Mancur Olson Junior sugere que a cooperação não surge de maneira espontânea no meio social. Para ele, os indivíduos somente colaborarão entre si caso pertençam a grupos muito restritos ou haja mecanismos especiais (coercitivos ou não) que promovam a ação coletiva. Indivíduos com interesses próprios, ainda que racionais, não atuam para *alcançar interesses comuns ou interesses de grupo*.[164]

O surgimento de um regime cooperativo está relacionado com as estratégias que incentivam a ação coletiva. Na sociedade, a colaboração mútua pode ou não ocorrer, mas, uma vez detectada, podemos perceber que ela sofre influências diretas do número de colaboradores, da intensidade da participação de cada um, das taxas de retorno de cada

---

[163] HOBBES, Thomas. *O Leviatã, ou matéria, forma e poder de um estado eclesiástico e civil.* Tradução por João Paulo Monteiro e Maria Beatriz Nizza da Silva. São Paulo: Editora Nova Cultural, 1999. p. 114-115. Coleção Os Pensadores: Thomas Hobbes de Mahnesbtuy.

[164] OLSON Jr., Mancur. *The logic of collective action*: public goods and the theory of groups. Cambridge: Harvard, 1965. p. 2.

indivíduo, da combinação das estratégias disponíveis para os agentes, entre outros fatores.[165] Não é tarefa simples identificar precisamente as variáveis e a proporção em que elas influenciam a cooperação. No caso das relações internacionais havidas entre os Estados, podemos inferir que a situação é ainda mais grave. A complexidade do assunto, entretanto, nunca poderá servir de pretexto para ignorá-lo.

Os Estados enfrentam constantemente o dilema entre colaborar com as demais nações (muitas vezes sem apoio político interno) ou simplesmente ignorar os demais atores globais, retardando assim os efeitos de políticas externas. Vale refrisar que, no plano internacional, não há garantias sólidas do cumprimento de eventuais acordos, restando somente a boa-fé de cada nação em virtude da ausência de uma autoridade com poderes coercitivos e de instrumentos capazes de impor a execução das obrigações avençadas.

Acreditamos que os resultados da pesquisa conduzida por Robert Axelrod podem contribuir para o melhor entendimento do fenômeno cooperativo.[166] Antes de discorrermos sobre as conclusões do autor propriamente ditas, deve-se ressalvar o contexto em que elas se desenvolveram.

A proposta de investigação de Axelrod é bem clara e audaciosa: desenvolver uma teoria sobre as razões que levam à cooperação. A construção da *Teoria da Cooperação*, conforme batizada pelo autor, baseia-se em investigações sobre indivíduos que perseguem seus próprios interesses, sem o auxílio de uma autoridade central para forçá-los a colaborar mutuamente (sem coercibilidade).[167]

Os desafios nesse tipo de empreitada aparecem logo na escolha e delimitação do objeto a ser examinado. Assim, Robert Axelrod aproveitou a oportunidade para avaliar o torneio de programas de computador construídos com base em conceitos da teoria dos jogos.

Em linhas gerais, podemos resumir a competição virtual em duas etapas, nas quais as regras foram praticamente as mesmas em ambas. Cada programador deveria desenvolver um *software* capaz de decidir o momento certo de cooperar ou desertar nas interações com

---

[165] COHEN, Michael D.; RIOLO, Rick L.; AXELROD, Robert. *The emergence of social organization in the prisoner's dilemma*: how context-preservation and other factors promote cooperation. The University of Michigan, 1998. p. 5. Disponível em: <http://www.santafe.edu/research/working-papers/abstract/d6e4990b0a8b18bb145e2d7369d6831c/>. Acesso em: 10 set. 2012.

[166] V. AXELROD, Robert. *The evolution of cooperation*. New York: Basic Books, 2006.

[167] AXELROD, Robert. *The evolution of cooperation*. New York: Basic Books, 2006. p. 6.

os demais. O programa poderia, inclusive, utilizar o histórico do jogo para tomar suas decisões.

A diferença mais significativa entre as duas fases do jogo é que, na primeira, os programadores desconheciam o funcionamento dos demais *softwares* competidores, enquanto que, na segunda fase, todos tiveram acesso à lógica operacional de cada programa.

Os participantes foram recrutados principalmente entre os pesquisadores familiarizados com o Dilema do Prisioneiro, embora pertencessem a diferentes disciplinas.

O grande vencedor das duas etapas do torneio foi o programa denominado TIT FOR TAT (algo como olho por olho, em português), apresentado pelo professor Anatol Rapoport, da Universidade de Toronto.

O programa é extremamente singelo se comparado aos demais; porém, não menos brilhante. Sua tática consiste em adotar primeiramente uma postura cooperativa e, depois, repetir o que o outro jogador fez no movimento anterior. Essa tática tem o mérito de ser facilmente compreendida e programável.

A partir dos dados coletados, Robert Axelrod formula diversas considerações dignas de nota.

A cooperação se fará presente quando os ganhos mútuos, auferidos pela atitude colaborativa, superarem eventuais benefícios de ações solitárias. A ação conjunta ocorrerá, portanto, nos casos em que o lucro individual de cada participante for maior do que ele poderia alcançar se tivesse agido sozinho.

Mesmo em ambientes avessos a práticas cooperativas, ações conjuntas podem nascer em pequenos grupos, desde que estes estejam dispostos a retribuir a ajuda recebida. Os dois requisitos necessários ao êxito da cooperação são a reciprocidade e a perspectiva de prolongar as relações no futuro.

Nesse ambiente restrito, o autor afirma categoricamente que nenhuma autoridade central se faz necessária, visto que a cooperação fundamentada na reciprocidade pode ser autopoliciada. A racionalidade é outro elemento que pode ser dispensado, pois o que verdadeiramente importa são as estratégias adotadas.

A evolução da cooperação em um ambiente extremamente complexo requer a adaptação de táticas bem-sucedidas, assim como de projetos inteligentes de novas ideias estratégicas.

O sucesso incontestável da tática TIT FOR TAT não significa que ela é ideal em todas as ocasiões, conforme ressalta Axelrod. Apesar de ser simples, de claro entendimento, provocativa, complacente, a repetição do comportamento desertor de seus adversários, por exemplo, jamais possibilitaria a cooperação.

5.5 Críticas à teoria dos jogos

Embora a teoria dos jogos possua muitos méritos, é nosso dever assinalar que ela não está imune a críticas.

A transposição da lógica comportamental para linguagem matemática permitiu a decomposição do processo decisório e, por conseguinte, a confecção de vários modelos teóricos nos mais diversos campos da ciência. Isso, porém, ocorreu à custa de um preço que não pode ser desconsiderado.

A simplificação somente se tornou viável quando os matemáticos assumiram como verdade absoluta que todo ser racional procura maximizar seus benefícios. Convenhamos que não é simples definir com precisão o conceito de racionalidade, bem como o de utilidade esperada. No entanto, esta última premissa pode ser verificada no cotidiano com alta taxa de sucesso, o que, presumimos, diminuiu um pouco da resistência e questionamento quanto a ela.

Ora, o mais difícil é aceitar pacificamente uma teoria que desconsidera influências oriundas do ambiente em que se dão as interações entre os partícipes. A teoria dos jogos moderna ignora tudo aquilo que não faz parte da estrutura predefinida dos jogos, embora saibamos que existam muitas variáveis capazes de influenciar os resultados, tais como a cultura da sociedade, crises econômicas, personalidade dos tomadores de decisão, valores morais e religiosos, etc.[168]

O conceito de equilíbrio também merece algumas ressalvas. Nos jogos não cooperativos, pode haver diferentes pontos de equilíbrio, que variam conforme as estratégias adotadas pelos jogadores. Por isso, é quase impossível determinar a melhor tática. O fato de os modelos matemáticos não conseguirem prever um resultado único, todavia, não invalida completamente a teoria. Isso porque, no mínimo, será possível descartar as hipóteses mais desfavoráveis dentre um extenso rol de possibilidades.[169]

---

[168] MUNCK, Gerardo L. Teoria dos jogos e política comparada: novas perspectivas, velhos interesses. *Dados*, Rio de Janeiro, v. 43, n. 3, 2000. p. 567. Disponível em: <http://www.scielo.br/scielo.php?script=sci_arttext&pid=S0011-52582000000300005&lng=pt&nrm=iso>. Acesso em: 13 set. 2012.

[169] *Ibidem*, p. 565-566.

5.6 Teoria dos jogos e o direito

À medida que o tempo passa, o direito também está descobrindo as potencialidades de aplicação da teoria dos jogos. A compreensão do comportamento estratégico humano pode ajudar muito na concepção de normas e instrumentos contratuais mais eficazes.[170]

Os múltiplos modelos de jogos não cooperativos e cooperativos podem ser explorados pelo operador do direito levando-se em conta as finalidades pretendidas, que podem ser regimes contratuais, propriedades, direito internacional, discriminação racial, regulação, processos, etc. A pesquisa realizada por Richard H. McAdams aponta que os juristas, sobretudo os norte-americanos, preferem lidar com o modelo consagrado do Dilema do Prisioneiro. Foram localizadas 3.051 publicações relativas ao Dilema do Prisioneiro, 121 referências ao jogo do Seguro ou Stag Hunt, 101 ao jogo do Falcão/Pombo e 75 à Batalha dos Sexos.[171]

A predominância do Dilema do Prisioneiro talvez se deva à sua versatilidade, ou seja, sua capacidade de ser adaptado a problemas cotidianos, assim como sua fácil estruturação. O formato tradicional desse jogo consiste, pois, em três elementos básicos: jogadores, estratégias avaliáveis e benefícios advindos da combinação de cada tática escolhida.[172]

Em que pese às virtudes do Dilema do Prisioneiro, em princípio, esse não representa o modelo mais indicado para avaliação do Código do FMI, do Relatório da OCDE e do Comunicado da UE devido à alta complexidade do contexto em que eles estão inseridos.

Conforme discutido nos capítulos precedentes, embora as interações tenham crescido exponencialmente e se diversificado em decorrência da globalização, hoje não há uma sociedade mundial organizada. Aliás, muitos setores da sociedade relacionam-se de forma desarticulada, à margem de processos políticos e até dos ordenamentos jurídicos nacionais.

A nova ordem mundial, caracterizada pela pluralidade de sujeitos e de normas, sem um modelo político estável, é responsável pela

---

[170] BAIRD, Douglas G.; GERTNER, Robert H.; PICKER, Randal C. *Game theory and the law*. Cambridge: Harvard University Press, 1998. p. 1.

[171] MCADAMS, Richard H. Beyond the prisoners' dilemma: coordination, game theory, and law. *Southern California Law Review*, v. 82, 2009; U of Chicago Law & Economics, Olin Working Paper No. 437; U of Chicago, Public Law Working Paper No. 241. p. 12. Disponível em: <http://ssrn.com/abstract=1287846>. Acesso em: 13 set. 2012.

[172] V. mais detalhes em BAIRD, Douglas G.; GERTNER, Robert H.; PICKER, Randal C. *Game theory and the law*. Cambridge: Harvard University Press, 1998. p. 8.

construção de um "sistema" de governança global desprovido de poder coercitivo supremo. Assim, por mais que os Estados e organizações combinem as regras dos jogos, não haverá um árbitro com legitimidade e poder suficiente para aplicar sanções em caso de descumprimento.

Nesse ambiente, estruturas administrativas e políticas hierarquizadas cedem espaço para um emaranhado de subsistemas transversais formados por redes normativas. A chave do sucesso ou fracasso desse novo modelo está intrinsicamente ligada ao grau de coordenação e diálogo entre atores globais envolvidos.

No caso dos três documentos analisados, os elementos básicos dos jogos são os mesmos, mas cada um com suas peculiaridades.

Os jogadores resumem-se aos Estados. Em determinadas situações, porém, os interesses das empresas se confundem com pretensões públicas, como no caso das empresas estatais, ou mesmo, dos empreendimentos privados que contam com incentivos e aportes de capital público.

Ademais, embora os documentos evidenciem uma visão convergente sobre os princípios de uma governança pública ideal, cada instrumento dispõe de regras específicas para alcançar as respectivas metas.

Todos os instrumentos foram erguidos a partir de uma plataforma em comum. Assim, as estratégias dos Estados foram reduzidas a apenas duas alternativas: cooperar ou desertar de seus pares. Acontece que a escolha da estratégia é fortemente influenciada pela visão política de cada governo – que pode variar conforme o partido da situação –, por interesses econômicos e até pretextos religiosos.

Na concorrência fiscal danosa, as supostas vantagens de agir solitariamente, sem considerar os efeitos que a baixa tributação e a falta de transparência causam ao resto do mundo, tendem somente a adiar os prejuízos públicos. A cooperação entre os Estados, ao contrário, mostra-se a única via capaz de promover a partilha de eventuais benefícios. A essa altura, podemos considerar a simples manutenção dos níveis de arrecadação uma vitória.

Em resumo, na busca pela solução da crise fiscal, os Estados podem optar por trabalharem em conjunto na prospecção de receitas públicas ou ignorar os efeitos da globalização e aumentar a carga fiscal daqueles que (ainda) não conseguiram meios de escapar da tributação.

As experiências da teoria dos jogos revelam que, salvo raríssimas exceções, a cooperação somente emergirá num ambiente de trocas. A existência ou não de boa vontade e altruísmo por parte das pessoas ou instituições é irrelevante. Axelrod resume muito bem isso ao afirmar que até as bactérias são capazes de colaborar com outros organismos.

Mas não bastam simples permutas. É imprescindível que elas sejam lucrativas para os jogadores, fazendo a colaboração valer a pena.

Em outras palavras, qualquer sistema que pretenda promover a cooperação deve ser capaz de fazer com que o jogador aufira mais lucro pessoal atuando em conjunto do que agindo sozinho.

O êxito da estratégia cooperativa também depende da retribuição da ajuda recebida, assim como da perspectiva de que as relações havidas entre as partes não se limita ao momento presente, mas se prolongará no horizonte futuro.

As fórmulas para alcançar o resultado esperado variam conforme as regras do jogo e estratégias disponíveis. Por isso, é tão difícil conceber uma regra de ouro da cooperação, ou seja, aquela capaz de obter a mesma taxa de sucesso seja qual for a situação submetida.

Formatar um modelo que seja mais bem aplicado aos tratados ou qualquer outro instrumento que venha a ser celebrado pelos Estados no intuito de coibir a concorrência fiscal internacional prejudicial exige um guia no campo da matemática aplicada.

A pretensão deste trabalho nunca foi indicar a aplicação de modelos, tampouco elaborá-los. Nossos humildes objetivos resumem-se em apontar a existência de métodos racionais derivados da matemática aplicada que podem contribuir para "melhorar os dilemas" do Estado Fiscal no mundo globalizado.

É preciso deixar claro que não defendemos a normatização desses métodos como solução, isto é, transformá-los em "lei" – na acepção jurídica clássica do termo. Esse definitivamente não seria o melhor caminho! A complexidade das relações globais hoje exige soluções próprias, que, somente em casos muito semelhantes, podem ser replicadas.

Tanto o Código do FMI como o Relatório da OCDE e Comunicado da UE concordam que medidas de boa governação internas e externas devem ser adotadas o mais breve possível para melhorar a situação financeira dos Estados.

No plano interno, os Estados dispõem de ferramentas tradicionais, como a lei, para procederem a adequações e introduzir mudanças políticas no ordenamento jurídico. Na esfera internacional é diferente, pois o leque de instrumentos à disposição das nações soberanas é bem mais restrito.

A cooperação atrai muitos adeptos e entusiastas, mas devemos deixar de lado as paixões para examinar com cautela os instrumentos criados pelo FMI, pela OCDE e pela UE. A qualidade técnica dos três documentos certamente eleva o nível das discussões e contribui para o dimensionamento correto do problema. Todavia, esses atributos não são suficientes para afugentar o sentimento cético quanto à sua eficácia.

Se nem mesmo os acordos ambientais – que têm importância vital para espécie humana – parecem progredir rumo às suas principais metas, quiçá as questões relacionadas aos tributos.

A crescente adesão dos Estados a instrumentos desse tipo confirma que os governos perceberam a profundidade da crise fiscal. Entretanto, ainda está longe do comprometimento com boas intenções transformar-se em benefícios concretos e imediatos.

Se ao menos o não cumprimento dos acordos fiscais estivesse vinculado a medidas compensatórias dispostas em instrumentos de outra natureza, como, por exemplo, tratados nas áreas de livre comércio, ambiental, regulação, etc., as chances de cooperação poderiam ser aumentadas. Acreditamos que um mecanismo compensatório sabiamente concebido pode desempenhar o papel de catalizador de ações fiscais conjuntas.

Em síntese, apesar de todas as limitações e críticas pertinentes à teoria dos jogos, entendemos que ela é uma potente ferramenta de estudo dos mecanismos racionais que movem a mente humana e, portanto, pode contribuir decisivamente com as ciências jurídicas na formatação de leis, acordos, tratados ou de qualquer outro meio utilizado para promover a paz social.

CONCLUSÃO

Embora a globalização não caiba num conceito unívoco, os especialistas concordam que este fenômeno eminentemente social revolucionou a forma como os povos de diferentes etnias, organizações e Estados interagem uns com os outros no espaço da arena global. A intensificação das relações sociais, no entanto, não significa dizer que estamos a caminho de uma sociedade global ou de uma *megassociedade*.

A globalização espalhou-se rapidamente por todos os cantos do planeta Terra, lançando um novo olhar sobre os valores mais recônditos das comunidades locais. É natural que a inauguração de uma era inspire a reinterpretação da realidade e, consequentemente, provoque a revisão de conceitos nas áreas econômica, social, política, cultural, religiosa, educacional, jurídica, entre outras.

As transformações ocorridas no campo econômico certamente causaram impactos diretos e imediatos na vida dos cidadãos. As políticas econômicas internacionais lideradas pelo FMI e pelo Banco Mundial resultaram no aumento da riqueza global nos últimos anos; porém, não foram capazes de reduzir o nível de pobreza *per capita* no mundo.

O atual estilo de vida insustentável das sociedades ocidentais e orientais consome de modo irresponsável os recursos naturais que ainda restam. A ameaça à sobrevivência da espécie humana, que outrora parecia um problema tão distante, agora bate à porta, exigindo providências urgentes.

A inundação dos mercados com milhares de produtos baratos e de péssima qualidade esconde uma lógica econômica perversa, que não leva em consideração o valor dos custos ambientais e sociais (saúde, previdência e assistência social) na produção. A fabricação desses bens somente é possível em locais onde os sistemas jurídicos não reconhecem direitos imprescindíveis à realização mínima do princípio universal da dignidade da pessoa humana.

Muitos estudiosos atribuem à globalização toda a responsabilidade pelo aumento generalizado dos conflitos, elevação da criminalidade, atos de terrorismo internacional, da violência urbana, sem contar as frequentes crises econômicas. O fato é que a instabilidade social pode ser vista nas ruas das grandes cidades, com a intensificação dos protestos de movimentos organizados ou não, revoltados com a nova ordem global.

Em meio ao conturbado contexto social, alas radicais aproveitam para profetizar que o fim do Estado está próximo. Com o devido respeito, a figura do Estado continua viva e revela-se, mais do nunca, imprescindível à paz social. Os defensores de uma forte presença do poder público tanto na economia quanto na promoção do bem-estar nunca perderam a fé na recuperação da saúde do Estado. Nos últimos anos, até mesmo os que pregavam a interveção mínima se socorrem a ele como último fio de esperança para minimizar os prejuízos econômicos advindos das especulações no mercado financeiro.

Apesar dos percalços, o Estado ainda é a última linha que separa a sociedade civilizada do caos completo, onde a única lei que vigora é a do mais forte, sem freios morais, jurídicos ou religiosos.

Um dos fatores que mais contribuíram para atual crise do Estado consiste na relação desequilibrada entre um modelo de socialidade, que se tornou caro e ineficiente após a recuperação das economias destruídas pelas duas guerras mundiais, e um sistema fiscal arcaico, no qual o ônus tributário está distribuído injustamente perante a sociedade.

Há tempos, o Estado dá sinais claros de que não consegue resistir aos crescentes déficits das contas públicas. Na tentativa de reduzir os custos e salvar a socialidade, a prestação dos serviços públicos foi transferida à iniciativa privada. Agora, entra em cena o Estado Social Regulador, que visa disciplinar e supervisionar o mercado dos serviços públicos, assim como aplicar as sanções cabíveis aos casos de violação dos direitos dos consumidores.

A situação é ainda mais complicada no lado do provimento das receitas públicas. A busca de investimentos privados desencadeou uma verdadeira concorrência fiscal mundial. Alguns Estados, no intuito de estimular o desenvolvimento de suas respectivas economias, diminuem drasticamente seu patamar de tributação e abusam da concessão de benefícios fiscais.

Além disso, determinados Estados, conhecidos como paraísos fiscais, dificultam o intercâmbio de informações fiscais e bancárias, bem como insistem em não cooperar com administrações fiscais estrangeiras. A postura adotada pelos paraísos fiscais estimula práticas de evasão de tributos e faz dessas jurisdições refúgios ideais para atividades criminosas.

Indiferentes à crise fiscal, cresce a cada dia o número de contribuintes que se utilizam das oportunidades advindas da integração econômica dos mercados, da liberação do setor financeiro, da redução dos custos com transportes, do desenvolvimento do setor de comunicações e, sobretudo, da guerra fiscal estadual para conceberem intrincados planejamentos tributários e, assim, obterem vantagens concorrenciais com a diminuição dos impostos.

Se continuarmos nessa toada, muito em breve, toda a carga fiscal será repartida entre trabalhadores e pequenos empresários, aumentando a dimensão do enorme abismo econômico que hoje separa ricos e pobres. Caso não haja uma reforma profunda dos sistemas fiscais, com a redistribuição do ônus tributário de modo justo, a simples fórmula de diminuição dos benefícios sociais e elevação desmedida dos tributos, como está ocorrendo na prática, não será suficiente para sanar as contas públicas. O mais grave, porém, é que a consequência lógica dessa política, subserviente aos grupos de pressão, não será outra senão a socialização da pobreza.

A concorrência fiscal entre os Estados pode até beneficiar alguns contribuintes em curto prazo. Entretanto, num cenário no qual a interdependência dos países tende aumentar, os efeitos negativos advindos das crises socioeconômicas inevitavelmente espalhar-se-ão por toda a população global.

O futuro dos sistemas fiscais depende de sua capacidade de adaptação aos tempos "pós-modernos". Isso significa não só a urgente reformulação de conceitos tradicionais – como competência e capacidade tributárias – mas, principalmente, uma nova forma de interagir com atores mundiais contemporâneos (empresas, instituições internacionais e organizações não governamentais).

Desafios inéditos requerem soluções inovadoras. Numa sociedade contingente, em que se constata uma infinidade de sujeitos, organizações de natureza governamental e não governamental, assim como múltiplas fontes normativas, os sistemas jurídicos hierárquicos, baseados no princípio da legalidade, não conseguem resolver os problemas com a eficiência desejada.

A proliferação sem precedentes de tratados e a incorporação sistemática de normas internacionais às ordens jurídicas internas – como as transposições de diretivas, no caso da União Europeia – abriram fissuras irreparáveis nas linhas divisórias que separavam o direito internacional do direito interno. Nesse contexto, as teorias monista e dualista de direito internacional clássico revelam-se incapazes de discernir com clareza as competências estaduais locais das supranacionais.

Contudo, a principal dificuldade de adaptação da ordem jurídica tradicional aos dias atuais consiste na ausência de um poder central ou mesmo de um poder de coação internacional que, em caso de descumprimento dos mandamentos legais e contratuais, os imponha através do emprego da força.

A nova ordem jurídica é formada pela união de inúmeros subsistemas dispostos em forma de rede no mesmo plano, na qual não há posições predefinidas. À primeira vista, esses susbsistemas comportam infinitas ligações entre si tanto no eixo vertical quanto no horizontal. Em determinadas hipóteses, inclusive, podem ser verificadas sobreposições e contradições, inexistindo qualquer critério hermenêutico de solução de conflitos.

As duas ordens jurídicas convivem praticamente no mesmo espaço; porém, a impressão que se tem é de que elas ainda não se reconhecem. Apesar das inegáveis virtudes do sistema normativo em rede, parece-nos precipitado qualquer posicionamento que deite fora anos de construção jurídica do sistema baseados na coerção, principalmente, em relação ao direito penal. Por outro lado, se a ordem jurídica tradicional continuar excluindo as partes interessadas do processo de construção das soluções normativas, corre sérios riscos de se tornar obsoleta rapidamente.

Acreditamos que a posição mais prudente seja a harmonização dos dois modelos, pois um não tem a capacidade de substituir o outro com a mesma destreza, visto que os dois têm objetos distintos e complementares, como duas faces de uma mesma moeda, por certo que integrar dois sistemas jurídicos muito diferentes configura uma tarefa árdua para juristas de qualquer parte do mundo.

Outro grande desafio da ciência jurídica "pós-moderna" é conceber um instrumento capaz de encorajar atitudes cooperativas sem dispor da força coativa.

Apesar das críticas sobre a falta de legitimidade democrática e, até mesmo, acusações de não pertencer ao direito, a *soft law* tem sido amplamente utilizada na construção da nova ordem jurídica. Organizações internacionais, agências reguladoras e outras instituições de natureza técnica editam importantes normas, códigos, comunicados e relatórios, sem caráter vinculativo, a fim de auxiliar os Estados no desempenho de suas tarefas administrativas.

Nos casos específicos do Código de Boas Práticas para a Transparência Fiscal, do relatório Concorrência Fiscal Prejudicial: Um Problema Global Emergente e do comunicado Promover a Boa Governação em Questões Fiscais, nota-se que o FMI, a OCDE e a UE elegeram a boa governança como uma das peças-chave para a superação da crise fiscal dos Estados.

A governança relaciona-se à forma como serão gerenciadas as relações entre os atores governamentais e privados, sem recorrer aos métodos tradicionais de força. O cumprimento das decisões deve-se basicamente à legitimidade do processo que as constrói. Dessa forma, o sucesso da *soft law* depende necessariamente do grau de cooperação e coordenação de seus destinatários.

Acreditamos que a cooperação assume vital importância na construção de futuros instrumentos jurídicos. No entanto, em um mundo cada vez mais egoísta, como fazer para que as partes colaborem mutuamente?

Não encontramos uma resposta exaustiva e satisfatória. Porém, podemos afirmar que a teoria dos jogos fornece contribuições valiosas à missão de compreender as estratégias que inspiram as escolhas humanas no processo de tomada de decisão.

O desenvolvimento dessa teoria somente foi possível quando os matemáticos assumiram como pressupostos universais que todos os jogadores são racionais e, por isso, buscam sempre a estratégia que lhes garantirá melhores resultados. A simplificação dos mecanismos de tomada de decisão permitiu a formatação desde modelos teóricos modestos a bastante complexos, com aplicação às mais diversas áreas do conhecimento.

A transposição do processo decisório para esquemas matemáticos não está isenta a críticas. Além de basear-se em conceitos até certo ponto imprecisos, a teoria dos jogos não considera fatores externos, tais como a cultura da sociedade, crises econômicas, personalidade dos tomadores de decisão, valores morais e religiosos, capazes de influenciar as estratégias dos jogadores.

É necessário deixar claro que a aplicação de métodos matemáticos não significa um retorno ao positivismo do século XIX. Não é porque a razão matemática e o plano cartesiano não se curvaram às antigas pretensões dos juristas que devemos descartá-los como ferramentas imprestáveis. Apesar das limitações e merecidas críticas, entendemos que a teoria dos jogos é uma importante ferramenta de trabalho.

Em relação ao direito, o estudo da teoria dos jogos não é capaz de fornecer um sistema jurídico perfeito e acabado, no qual o juiz desempenhe o papel de mero aplicador da norma ao fato concreto. A teoria dos jogos apenas contribui para entendermos melhor o comportamento dos seres vivos perante os desafios que o meio ambiente lhes coloca. Se entendermos os motivos que justificam as tomadas de decisão, poderemos contribuir efetivamente com as ciências jurídicas na formatação de leis, acordos, tratados ou de qualquer outro meio utilizado para promover a paz social.

No caso da cooperação, as pesquisas encabeçadas por Robert Axelrod, ainda que tenham se dado em contextos especiais, revelam que, salvo raríssimas exceções, a cooperação não emergirá espontaneamente, isto é, fora de um ambiente de trocas. Assim, a existência ou não de boa vontade e altruísmo por parte das pessoas ou instituições é irrelevante. O que verdadeiramente importa é que as permutas sejam lucrativas para os jogadores, fazendo a colaboração valer a pena.

Qualquer sistema que pretenda promover eficazmente a cooperação entre as partes terá que proporcionar mais lucros ao jogador que escolhe a estratégia de agir em conjunto. O sucesso da cooperação também está relacionado à expectativa de retribuições futuras. Assim, quanto maiores as perspectivas de interação, maiores as chances de haver colaboração.

Há que se destacar também que as estratégias são mais importantes que a própria racionalidade. A evolução da cooperação em um ambiente extremamente complexo requer a adaptação de táticas bem-sucedidas, assim como de projetos inteligentes de novas ideias estratégicas.

Na concorrência fiscal danosa, fica difícil aceitar que a tributação irrisória e a recusa em colaborar com administrações fiscais sejam as melhores estratégias a serem adotadas pelos países. O efeito colateral da disputa predatória pelos investimentos privados é a diminuição das receitas públicas em todo o mundo. No primeiro momento, os jogadores que atuam sozinhos podem até experimentar o crescimento de sua arrecadação tributária, mas o enriquecimento será passageiro. As recentes crises financeiras comprovam que nenhuma nação está imune aos seus efeitos negativos. Em virtude disso, a cooperação entre os Estados mostra-se a única via capaz de promover benefícios mais duradouros.

O apoio declarado do FMI, da OCDE e da UE a atitudes cooperativas desperta muitas expectativas; entretanto, os instrumentos de *soft law* examinados devem ser interpretados com cautela. É inquestionável a qualidade técnica dos três documentos, que certamente contribuem para o dimensionamento correto da crise fiscal vivenciada pelos Estados.

Tais atributos, entretanto, não são suficientes para garantir a eficácia que se espera deles. Ao menos por enquanto, o comprometimento dos Estados pende mais para o campo das boas intenções do que para atitudes concretas. Os efeitos práticos positivos da boa governança em temas fiscais ainda não podem ser percebidos a olho nu, ao contrário dos efeitos negativos causados pela ausência dela.

Acreditamos que a vinculação dos acordos fiscais a medidas compensatórias de outra natureza, por exemplo, relacionadas ao livre comércio, meio ambiente, regulação, empréstimos internacionais, etc., poderia aumentar as chances de cooperação. Um mecanismo compensatório sabiamente concebido pode desempenhar o papel de catalizador de ações fiscais conjuntas.

A pretensão deste trabalho nunca foi indicar a aplicação de modelos matemáticos, tampouco elaborá-los. Nossos humildes objetivos quanto à teoria dos jogos resumem-se em apontar a existência de métodos lógicos derivados da matemática aplicada que podem contribuir para "melhorar os dilemas" do Estado Fiscal no mundo globalizado.

Transpor os métodos matemáticos para o conteúdo das leis definitivamente não é a solução mais indicada. O direito não pode se contentar em apenas dar formato jurídico às decisões políticas.

Se as ciências jurídicas pretendem resistir aos impactos de um novo tempo, será preciso tomar assento no núcleo das decisões e trabalhar em cooperação com as demais áreas do conhecimento em busca de respostas eficazes que assegurem a paz social e a dignidade do ser humano.

REFERÊNCIAS

ALEXY, Robert. *Teoria de los derechos fundamentales*. Versión castellana: Ernesto Garzón Valdés. Madri: Centro de Estudios Constitucionales, 1993.

ALVAREZ, José E. *International organizations as law-makers*. New York: Oxford University Press Inc., 2005.

ARAGÃO, Alexandra. A governância na Constituição Europeia: uma oportunidade perdida? In: *Boletim da Faculdade de Direito, número especial (84) de homenagem ao Prof. Lucas Pires*. Coimbra: Coimbra Editora, 2005.

ARANOVICH, Rosa Maria de Campos. *O Estado Pós-Moderno da regulação econômica e a mutação de paradigmas conceituais tradicionais do direito público*: a experiência brasileira de agências de regulação. Tese de Doutorado. Disponível em: <http://www.lume.ufrgs.br/handle/10183/15502>. Acesso em: 07 abr. 2011.

ATIENZA, Manuel. Constitucionalismo, globalización y derecho. In: CARBONELL, Miguel; JARAMILLO, Leonardo García. *El canon neoconstitucional*. Madrid: Editorial Trotta, 2010.

AXELROD, Robert. *The evolution of cooperation*. New York: Basic Books, 2006.

BAIRD, Douglas G.; GERTNER, Robert H.; PICKER, Randal C. *Game theory and the law*. Cambridge: Harvard University Press, 1998.

BECK, Ulrich. *¿Qué es la globalización?* Falacias del globalismo, respuestas a la globalización. Tradução: Bernardo Moreno Carrillo e María Rosa Borrás. Barcelona: Ediciones Paidós Ibérica S.A., 2008.

BECKER, Gary S. A theory of competition among pressure groups for political influence. *The Quarterly Journal of Economics*, v. 98, n. 3 (Aug. 1983). p. 371-400. p. 372. Disponível em: <http://www2.bren.ucsb.edu/~glibecap/BeckerQJE1983.pdf>. Acesso em: 08 mar. 2011.

BIRD, Graham; ROWLANDS, Dane. Introduction. In: BIRD, Graham; ROWLANDS, Dane. (Orgs.). *The international monetary fund and the world economy*. v. I. Cheltenham: Edward Elgar Publishing Inc., 2007.

BOGDANDY, Armin von. Pluralism, direct effect, and the ultimate say: on the relationship between international and domestic constitutional law. *International Journal of Constitutional Law*, Oxford, 6 I.CON 397-413, 2008.

BOSSELMANN, Klaus. *The principle of sustainability transforming law and governance*. Farnham: Ashgate, 2008.

BUCHANAN, James M.; TULLOCK, Gordon. *The calculus of consent*: logical foundations of constitutional democracy. Indianapolis: Liberty Fund, Inc., 1999. p. 260-271. Disponível em: <http://www.econlib.org/library/Buchanan/buchCv3c19.html>. Acesso em: 1 set. 2012.

CALLIESS, Graf-Peter. Reflexive transnational law the privatisation of civil law and the civilisation of private law. Frankfurt/Main. In: *Zeitschrift für Rechtssoziologie* 23 (2002), Heft 2, S. 185-216.

CANOTILHO, José Joaquim Gomes. *Brancosos e interconstitucionalidade*: itinerários dos discursos sobre a historicidade constitucional. Coimbra: Almedina, 2006.

CANOTILHO, José Joaquim Gomes; MOREIRA, Vital. *Constituição da República Portuguesa anotada.* v. I. 4. ed. revista. Coimbra: Coimbra Editora, 2007.

CANOTILHO, José Joaquim Gomes. O Estado Garantidor: claros-escuros de um conceito. In: AVELÃS NUNES, Antonio José; COUTINHO, Jacinto Nelson de Miranda (Orgs.). *O direito e o futuro. O futuro do direito.* Coimbra: Almedina, 2008. p. 571-576.

CANOTILHO, José Joaquim Gomes. *Direito constitucional e teoria da constituição.* 7. ed. Coimbra: Almedina, 2010.

CASSESE, Sabino. *La globalización jurídica.* Tradução: Luis Ortega, Isaac Martín Delgado e Isabel Gallego Córcoles. Madri: Marcial Pons, 2006.

CASSESE, Sabino. *A crise do Estado.* Tradução: Ilse Paschoal Moreira e Fernanda Landucci Ortale. Campinas: Saberes Editora, 2010.

CASTELLS, Manuel (Ed.). *La sociedad red*: una vision global. Tradução Francisco Munoz de Bustillo. 1. ed. 2. reimp. Madrid: Alianza Editorial, 2011.

COÊLHO, Sacha Calmon Navarro. *Curso de Direito Tributário Brasileiro.* Rio de Janeiro: Forense, 2004.

COHEN, Michael D.; RIOLO, Rick L.; AXELROD, Robert. *The emergence of social organization in the prisoner's dilemma*: how context-preservation and other factors promote cooperation. The University of Michigan, 1998. Disponível em: <http://www.santafe.edu/research/working-papers/abstract/d6e4990b0a8b18bb145e2d7369d6831c/>. Acesso em: 10 set. 2012.

DANN, Philipp; BOGDANDY, Armin von. International composite administration: conceptualizing multi-level and network aspects in the exercise of international public authority. *German Law Journal,* v. 9, p. 2.013-2.039, 2008.

DARNACULLETA I GARDELLA, M. Mercè. La recepción y desarrollo de los conceptos y fórmulas de la regulación. El debate en la República Federal Alemana. In: MUÑOZ MACHADO, Santiago; ESTEVE PRADO, José (Coord.). *Fundamentos e instituciones de la regulación.* Madrid: Iustel, 2009.

DIMAND, Robert W.; DIMAND, Mary Anne. The early history of the theory of strategic games from Waldegrave to Borel. In: WEINTRAUB, E. Roy (Ed.). *Toward a history of game theory.* Annual Supplement to Volume 2. History of Political Economy. Durham and London: Duke University Press, 1992.

ELALI, André. A crise financeira global sob a ótica da concorrência fiscal internacional. *Revista Direito GV,* São Paulo, v. 5, n. 2, p. 405-424, 2009.

ESTEVAN, Juan Manuel Barquero. *La función del tributo en el Estado social y democrático de Derecho.* Madrid: Centro de Estúdios Políticos y Constitucionales, 2002.

FARIA, José Eduardo. *O direito na economia globalizada.* São Paulo: Malheiros, 2004.

FERRARESE, Maria Rosaria. *La governance tra politica e diritto.* Bologna: Il Mulino, 2010.

FERRARESE, Maria Rosaria. *Le istituzioni della globalizzazione Diritto e diritti nella società transnationale.* Bologna: Il Mulino, 2010.

FERREIRA, Eduardo Paz; MORAIS, Luís Silva. A regulação sectorial da economia – introdução e perspectiva geral. In: ANASTÁCIO, G., FERREIRA, Eduardo Paz; MORAIS, Luís Silva (Orgs.). *Regulação em Portugal*: novos tempos, novo modelo? Coimbra: Almedina, 2009.

FRIEDMAN, Thomas L. *O mundo é plano*: uma história do século XXI. 10. ed. Lisboa: Actual, 2010.

GIDDENS, Anthony. *As consequências da modernidade*. Tradução: Raul Fiker. São Paulo: Editora UNESP, 1991.

GLEICK, James. *A criação de uma nova ciência*. 9. ed. Rio de Janeiro: Campus, 1999.

GONÇALVES, Pedro. *Regulação, electricidade e telecomunicações – Estudos de direito administrativo da regulação*. Coimbra: Coimbra Editora, 2008.

GUITIAN, Manuel. Conditionally: past, present, future. In: BIRD, Graham; ROWLANDS, Dane (Orgs.). *The international monetary fund and the world economy*. v. I. Cheltenham: Edward Elgar Publishing Inc., 2007.

HEAP, Shaun P. Hargreaves; VAROUFAKIS, Yanis. *Game theory*: a critical introduction. Londres: Routledge, 2003.

HIRSCH, Moshe. Game theory, international law, and future environmental cooperation in the Middle East. *Denver Journal of International Law and Policy*, v. 27, n. 1, set. 1998.

HOBBES, Thomas. *O Leviatã, ou matéria, forma e poder de um estado eclesiástico e civil*. Tradução por João Paulo Monteiro e Maria Beatriz Nizza da Silva. São Paulo: Editora Nova Cultural, 1999. Coleção Os Pensadores: Thomas Hobbes de Mahnesbtuy.

HOBSBAWM, Eric. *Era dos extremos*: o breve século XX (1914-1991). 2. ed. Tradução: Marcos Santarrita. São Paulo: Companhia das Letras, 2003.

HOFFMANN-RIEM, Wolfgang. The potential impact of social sciences on administrative law. In: RUFFERT, Matthias (Ed.). *The transformation of administrative law in Europe*. Munich: Sellier European Law Publishers, 2007. p. 216.

HOLMES, Stephen; SUNSTEIN, Cass R. *The cost of rights*: why liberty depends on taxes. New York: Norron & Company, 1999.

JESCH, Dietrich. *Ley y administracion*: estúdio de la evolucion del principio de legalidad. Madrid: Instituto de Estúdios Administrativos, 1978.

KELSEN, Hans. *Teoria Pura do Direito*. Tradução: João Baptista Machado. 6. ed. São Paulo: Martins Fontes, 1998.

KEYNES, John Maynard. *General theory of employment, interest and money*. London: Macmillan Press, 1936.

KUMAR, Krishan. *Da sociedade pós-industrial à pós-moderna*: novas teorias sobre o mundo contemporâneo. 2. ed. ampl. Rio de Janeiro: Jorge Zahar Ed., 2006.

LAPORTA, Francisco J. *El imperio de la ley*: una visón actual. Madrid: Editorial Trotta S.A., 2007.

LEONARD, Robert J. Creating a Context for Game Theory. In: WEINTRAUB, E. Roy (Ed.). *Toward a history of game theory*. Annual Supplement to Volume 2. History of Political Economy. Durham and London: Duke University Press, 1992.

LOUREIRO, João Carlos. Desafios de Témis, trabalhos dos homens – constitucionalismo, constituição mundial e sociedade de risco, nação e defesa. *Separata*, n. 97, 2. série. Lisboa, primavera 2001.

LOUREIRO, João Carlos. *Adeus ao estado social?* A segurança social entre o crocodilo da economia e a medusa da ideologia dos "direitos adquiridos". Coimbra: Wolters Kluwer Coimbra Editor, 2010.

LUCE, R. Duncan; RAIFFA, Howard. *Games and decisions*: introduction and critical survey. New York: Wiley, 1957.

MACHADO, Santiago Muñoz. Fundamentos e instrumentos jurídicos de la regulación económica. In: MUÑOZ MACHADO, Santiago; ESTEVE PRADO, José (Coord.). *Fundamentos e instituciones de la regulación*. Madrid: Iustel, 2009.

MAKHLOUF, Gabriel. Transparency in tax systems: keeping pace with the information age. Based on a speech to the IBC International Tax Forum, Milan, 28 October 1999. *Intertax*, Volume 28, Issue 2 Kluwer Law International, 2000.

MCADAMS, Richard H. Beyond the prisoners' dilemma: coordination, game theory, and law. *Southern California Law Review*, v. 82, 2009; U of Chicago Law & Economics, Olin Working Paper No. 437; U of Chicago, Public Law Working Paper No. 241. Disponível em: <http://ssrn.com/abstract=1287846>. Acesso em: 13 set. 2012.

MCCAIN, Roger A. *Cooperative games and cooperative organizations*. Drexel University, Philadelphia. Disponível em: <http://faculty.lebow.drexel.edu/mccainr/top/personal/ncoopcoop.pdf>. Acesso em: 12 set. 2012.

MIRANDA, Jorge. *Manual de direito constitucional*. Tomo I. 6. ed. Coimbra: Coimbra Editora, 1997.

MIROWSKI, Philip. What were von Neumann and Morgenstern trying to accomplish? In: WEINTRAUB, E. Roy (editor). *Toward a history of game theory*. Annual Supplement to Volume 2. History of Political Economy. Durham and London: Duke University Press, 1992.

MITCHELL, Daniel J. The global flat tax revolution cato policy report, July/August 2007 by *This op-ed originally appeared in The Washington Post on Thursday, December 22, 2005*. Disponível em: <http://www.cato.org/pubs/policy_report/v29n4/cpr29n4-1.html>. Acesso em: 25 out. 2012.

MONTESQUIEU, Charles de Secondat Baron de. *O espírito das leis*. Tradução: Cristina Murachco. 2. ed. São Paulo: Martins Fontes, 1996.

MOREIRA, Vital. *Auto-regulação profissional e administração pública*. Coimbra: Almedina, 1997.

MOTTA, Paulo Roberto Ferreira. A regulação como instituto jurídico. *Revista de Direito Público da Economia*, Belo Horizonte, ano I, n. 4, out./dez.

MUNCK, Gerardo L. Teoria dos jogos e política comparada: novas perspectivas, velhos interesses. *Dados*, Rio de Janeiro, v. 43, n. 3, 2000. p. 567. Disponível em: <http://www.scielo.br/scielo.php?script=sci_arttext&pid=S0011-52582000000300005&lng=pt&nrm=iso>. Acesso em: 13 set. 2012.

NABAIS, José Casalta. *Por um Estado Fiscal suportável*: estudos de direito fiscal. Coimbra: Almedina, 2005.

NABAIS, José Casalta. *O dever fundamental de pagar impostos*: contributo para compreensão constitucional do Estado Fiscal contemporâneo. Coimbra: Almedina, 2009.

NABAIS, José Casalta; SILVA, Suzana Tavares da. O Estado pós-moderno e a figura dos tributos. *Revista de Legislação e Jurisprudência*, Coimbra, n. 3.965, p. 80-104, nov./dez. 2010.

NEVES, Marcelo. *Transconstitucionalismo*. São Paulo: WMF Martins Fontes, 2009.

OLSON JR., Mancur. *The logic of collective action*: public goods and the theory of groups. Cambridge: Harvard, 1965.

ORTIZ, Gaspar Ariño. *Princípios de derecho público económico – modelo de estado, gestión pública, regulación económica*. Granada: Comares Editorial, 2001.

OST, François; KERCHOVE, Michel van de. *De la pyramide au réseau? Pour une théorie dialectique du droit*. Bruxelles: Facultés universitaires Saint-Louis, 2002.

OTERO, Paulo. *Legalidade e administração pública*: o sentido da vinculação administrativa à juridicidade. Coimbra: Almedina, 2007.

PAES, Nelson Leitão; RODRIGUES, Jefferson José; VIOL, Andréa Lemgruber. *A progressividade no consumo tributação cumulativa e sobre o valor agregado*. Estudo Tributário 04 da Secretaria da Receita Federal do Brasil. 2002. Disponível em: <http://www.receita.fazenda.gov.br/Publico/estudotributarios/estatisticas/16%20Progressividade%20no%20Consumo.pdf>. Acesso em: 08 mar. 2011.

PALMA, Clotilde Celorico. IVA - A nova directiva e o regulamento para o combate à fraude nas transacções intracomunitárias. *Revista TOC*, Lisboa, n. 107, fev. 2009.

RAMÍREZ-ESCUDERO, Daniel Sarmiento. *El soft law administrativo*: un studio de los efectos jurídicos de las normas no vinculantes de la Administración. Pamplona: Editorial Aranzadi SA, 2008.

RASMUSEN, Eric. *Games and information, an introduction to game theory*. 4. ed. Oxorfd: Blackwell Publishing Ltd., 2007.

RIKER, William H. The entry of game theory into political science. In: WEINTRAUB, E. Roy (Ed.). *Toward a history of game theory*. Annual Supplement to Volume 2. History of Political Economy. Durham and London: Duke University Press, 1992.

SANCHES, José Luís Saldanha. *Os limites do planeamento fiscal*: substância e forma no direito fiscal português, comunitário e internacional. Coimbra: Coimbra Editora, 2006.

SANCHES, José Luís Saldanha. *Manual de direito fiscal*. Coimbra: Coimbra Editora, 2007.

SANTOS, Antônio Carlos dos. Concorrência fiscal e competitividade: a never ending story. *Ciência e Técnica Fiscal*, n. 424, p. 7-27. Coimbra: Almedina, 2009.

SANTOS; Boaventura de Sousa. Os processos da globalização. In: SANTOS, Boaventura de Sousa (Org.). *Globalização*: fatalidade ou utopia? Porto: Edições Afrontamento, 2001.

SILVA, João Nuno Calvão da. *O Estado Regulador, as autoridades reguladoras independentes*: temas de integração. Coimbra: Almedina, 2005.

SILVA, Suzana Tavares da. *Um novo direito administrativo?* Coimbra: Imprensa da Universidade de Coimbra, 2010.

SILVA, Suzana Tavares da. *Direitos fundamentais na arena global*. Coimbra: Imprensa da Universidade de Coimbra, 2011.

SIQUEIRA, Marcelo Rodrigues de. Os desafios do Estado Fiscal contemporâneo. In: NABAIS, José Casalta; SILVA, Suzana Tavares da (Coords.). *Sustentabilidade Fiscal em Tempos de Crise*. Coimbra: Almedina, 2011.

SLAUGHTER, Anne'Marie. *A new world order*. New Jersey: Princeton University Press, 2004.

SMITH, John Maynard. *Evolution and the theory of games*. Cambridge: Press Syndicate of the University of Cambridge, 1982.

SOARES, Rogério Ehrhardt. *Direito público e sociedade técnica*. 1. ed. Coimbra: Atlântida, 1969.

STIGLITZ, Joseph. *Globalização*: a grande desilusão. 3. ed. revisada. Lisboa: Terramar, 2004.

STIGLITZ, Joseph. *O mundo em queda livre*: os Estados Unidos, o mercado livre e o naufrágio da economia mundial. Tradução: José Viegas Filho. São Paulo: Companhia das Letras, 2010.

TANZI, Vito. Globalization, tax competition and the future of tax systems. International Monetary Fund (IMF); National Bureau of Economic Research (NBER). 1996. *IMF Working Paper* No. 96/141. Disponível em: <http://papers.ssrn.com/sol3/papers.cfm?abstract_id=883038>. Acesso em: 20 out. 2012.

TANZI, Vito. *Policies, institutions and the dark side of economics*. Cheltenham, UK: Edward Elgar, 2000.

TANZI, Vito. Globalization and the work of fiscal termites. International Monetary Fund (IMF); National Bureau of Economic Research (NBER). November 2000. *IMF Working Paper* No. 00/181. Disponível em: <http://www.imf.org/external/pubs/ft/fandd/2001/03/tanzi.htm>. Acesso em: 01 abr. 2012.

TANZI, Vito. *Impostos menores no futuro?* A função econômica do estado no século XXI. Disponível em: <http://www.esaf.fazenda.gov.br/esafsite/CCB/program_2005/arquivos/FP/p4.4.pdf>. Acesso em: 23 out. 2012.

TÉLLEZ, Claudio A. *Teoria dos Jogos e relações internacionais*. Disponível em: <http://pt.scribd.com/doc/4159964/Texto-08-Claudio-Tellez-Teoria-dos-jogos-e-relacoes-internacionais>. Acesso em: 17 set. 2012.

TEUBNER, Gunther. Global Bukowina: legal pluralism in the world society. In: TEUBNER, Gunther et al. (Ed.). *Global law without a state*. Dartmouth: Aldershot, 1997.

URBANO, Maria Benedita. Globalização: os direitos fundamentais sob stress. In: ANDRADE, Manuel da Costa; ANTUNES, Maria João; SOUSA, Susana Aires de (Org.). *Estudos em homenagem ao Prof. Doutor Jorge de Figueiredo Dias*. v. 3. Coimbra: Coimbra Editora, 2010. p. 1.023-1.048.

VON NEUMANN, John; MORGENSTERN, Oskar. *Theory of games and economic behavior*. 3. ed. Princeton: Princeton University Press, 1953.

WEINTRAUB, E. Roy. Toward a history of game theory. In: WEINTRAUB, E. Roy (Ed.). *Toward a history of game theory*. Annual Supplement to Volume 2. History of Political Economy. Durham and London: Duke University Press, 1992.

WILLIAMSON, John. *A short history of the Washington consensus*. Artigo encomendado pela Fundação CIDOB para uma conferência "Do Consenso de Washington para uma nova governança mundial", Barcelona, 24-25 set. 2004. Disponível em: <http://www.iie.com/publications/papers/williamson0904-2.pdf>. Acesso em: 17 ago. 2012.